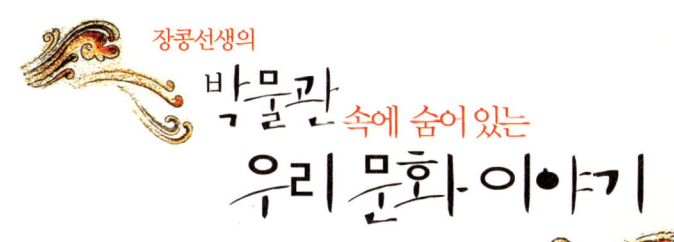

장콩선생의
박물관 속에 숨이 있는
우리 문화 이야기

장콩 선생의
박물관 속에 숨어있는
우리 문화 이야기

❀ 옛 도자기·금속공예편 ❀

장콩선생 지음

살림

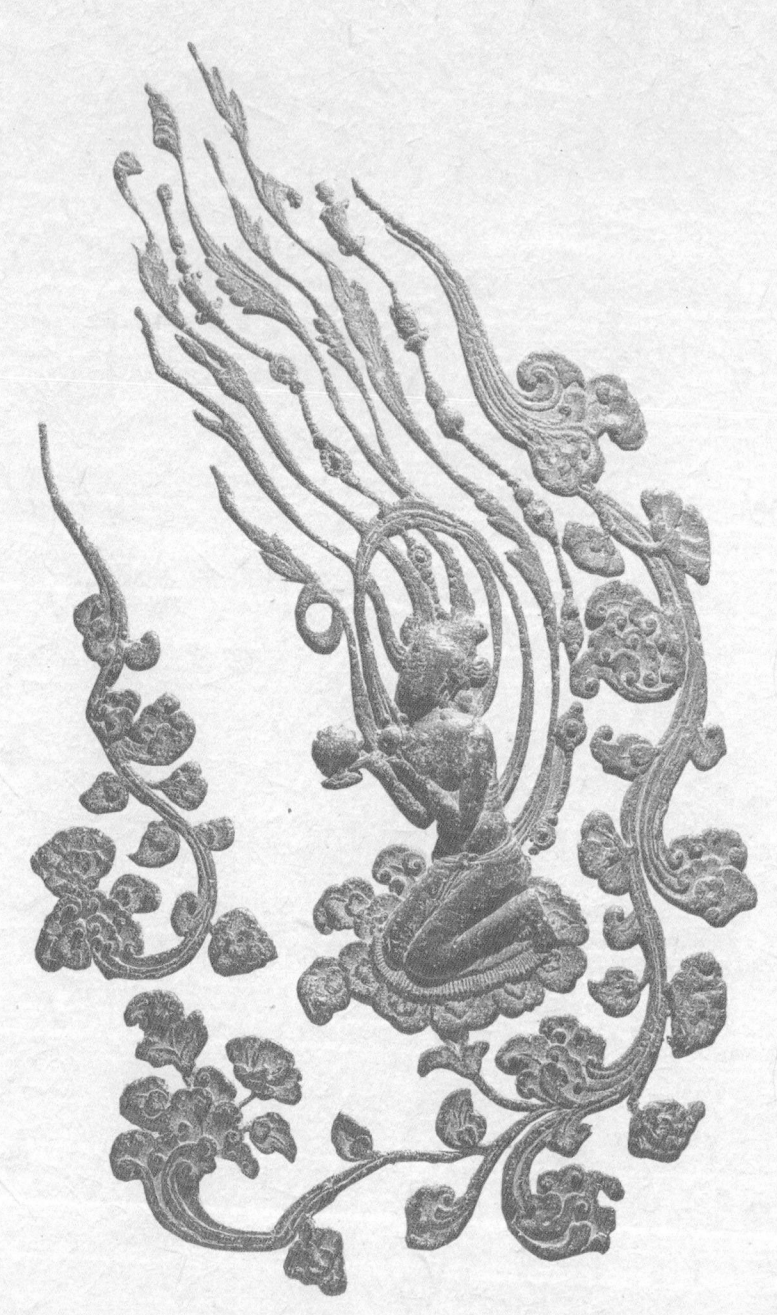

글을 시작하며

우리 문화유산 속으로 역사여행을 떠나요!

안녕하세요.

솔향기 그윽한 계절에 우리 선인네들의 삶과 예술 혼을 엿볼 수 있는 문화유산을 이해하기 쉽게 소개한 책, 『박물관 속에 숨어 있는 우리 문화 이야기』를 세상에 내보냅니다. 인간적인 감동과 서정적인 아름다움이 배어 있는 문화유산과의 만남은 역사 읽기의 또 다른 재미를 안겨줄 것입니다.

『외우지 않아도 저절로 이해되는 우리 역사 이야기』를 출간한 이후, 청소년들의 눈높이에 맞춘 쉽고 재미있는 역사책이 나왔다는 평가에 지은이로서 무척 고맙고 행복했습니다. 시중에 다양한 역사책이 나와 있지만, 청소년들이 끝까지 흥미를 가지고 읽기에는 무리라는 생각에서 쓴 책이었는데, 쉽고 재미있었다는 청소년 독자들의 반응에 저는 안도의 한숨을 내쉴 수 있었답니다.

이번에 발간하는 『박물관 속에 숨어 있는 우리 문화 이야기』도 『우리 역사 이야기』와 비슷한 의도에서 엮었습니다. 학교에서 우리 역사는 초등학교 5학년부터 배우기 시작하지만, 초·중·고등학교 모두 역사 교과서가 정치사 위주로 되어 있고 서술체제가 딱딱합니다. 이런 이유로 역사에 관심이 지대한 학생이 아닌 이상 역사 공부의 진정한 맛을 느끼지 못하고 역사에서 멀어져 버립니다. 그러다보니 조금만 깊게 이해하면, 쉬우면서도 재미있게 공부할 수 있는 문화사마저도 정치사의 편중과 딱딱함으로 인해 흥미가 반감되어, 시험에 잘 나오는 유물의 이름이나 교사가 설명해준 특징들만 줄줄 외우고 맙니다. 그러나 우리 문화유산의 진정한 맛을 느끼려면, 자신의 눈으로 유물을 보는 안목을 가져야 합니다. 그리고 학교 현장에서도 학생 자신의 눈으로 문화유산을 보는 안목을 길러주는 방향으로 문화사 교육이 이루어져야 합니다.

이 책은 그래서 쉬우면서도 우리 문화유산에 대한 지식과 안목을 기르는 데 주안점을 두고 엮었습니다. 중학교 2학년인 참치(동원)와 초등학교 4학년인 늘보거북(치원)이가 아빠인 장콩선생(장용준)과 우리 선인네들의 숨결이 느껴지는 유물들을 가지고 책 속에서 노닥거립니다. 책을 읽다가 함께 노닥거리고 싶으면 언제든지 대화에 끼어드십시오. 그러면 자연스럽게 우리 문화유산을 보는 눈이 생길 겁니다.

이 책 또한 쉽게 쓰려고 노력했습니다. 그러나 아무리 쉽게 쓰려 해도 제 역량 부족으로 어렵게 써진 부분(특히 한자어)이 있습니다. 그런 부분들은 한자를 붙여 놓거나 해설을 달아 놨으니, 참고하시기 바랍니다. 특히 이해하기 어려운 한자어는 국어사전에서 해당 단어를 찾아 이해하고 넘어가시기 바랍니다. 그것 또한 큰 공부가 될 겁니다.

이 책의 수준은 중학교 학생이면 편히 읽을 수 있을 정도입니다. 그러나 초등학교 사회교과서부터 고등학교 국사교과서까지 심층 분석을 한 후, 초·중·고 학생들이 학교에서 문화사 수업을 할 때 공통적으로 필요하다고 느낀 유물들을 가지고 대화를 나누었기에 초등학생부터 중·고등학생 모두가 문화사 공부를 할 때 도움을 받을 수 있을 겁니다. 아울러 우리 문화유산을 알고 싶은데, 시중에 나온 책들의 수준이 너무 높아서 쉽게 접하지 못한 학부모들도 염두에 두고 글을 써나갔습니다. 특히 초등학생 자녀를 둔 학부모님들께 적극 권해드리고 싶습니다. 저녁 식사 후에 책 속의 유물 사진을 식탁 위에 펼쳐 놓고 자녀들과 세상 이야기도 하면서 대화를 나누셨으면 합니다. 그리고 그 유물이 있는 곳으로 여행을 가서, 실물을 보면서 문화유산을 보는 안목을 자녀들에게 길러주었으면 좋겠습니다.

책 속의 유물들과 대화를 나누면서 궁금하신 사항이 있으면, 언제든 제 블로그를 방문하여 흔적 남겨주십시오. 크게 환영하면서 질문에 응하겠습니다. 네이버 블로그에 제 집이 있습니다. 집 이름은 「장콩선생의 삶과 꿈(http://blog.naver.com/jangkong2)」입니다. 그러나 저 또한 문화재 전문가가 아니기에 큰 도움은 드릴 수 없습니다. 그래서 책 말미에 제가 글을 쓰면서 도움 받은 책들을 수록해 놓았습니다. 참고하시기 바랍니다.

사실 이 책의 글은 여러 연구자분의 연구 성과물과 기존 역사 교양물 중의 일부를 학생들이 알기 쉽게 정리해 놓은 것에 불과합니다. 그래서 책을 내면서도 참조했던 책을 쓰신 저자분들께 누가 되지 않을까 염려됩니다. 그러나 그분들도 우리 문화를 좀 더 이해하기 쉽게 소개해서, 우리 학생들이 문화를 보는 안목을 가질 수 있도록 해야겠다는 제 진심은 헤아려주시리라 믿습니다.

세상에 책을 내보내면서 고마움을 표해야 할 분들이 계십니다.
제게 역사교사로서의 자부심과 정체성을 갖게 해준 전국역사교사모임과 전남역사교사모임의 선생님들께 감사드립니다. 함께 호흡하면서 자극을 주는 선생님들이 계시기에 저 또한 자그마한 성과물들을 엮어갑니다. 항상 고맙습니다.
글을 쓰도록 많이 독려해주신 살림출판사의 배주영 팀장님과 이 책을 아름답게 꾸며주신 방상호 팀장님, 김경주 님께도 큰 고마움을 전합니다.

마지막으로 이 책이 만들어지기까지 우리 문화유산과 꾸준히 대화하면서 아빠의 글쓰기에 아이디어를 제공해준 참치와 늘보거북이에게도 진심으로 고맙다고, 사랑한다고 전합니다. 이 책은 어쩌면 두 아이의 작품입니다. 그리고 언제나 뒷전에서 조용히 지켜보면서 꾸준히 격려해준 아내 경희에게도 고맙고 또 고맙디고 감사인사 전합니다.

아무쪼록 이 책을 통해서 우리 선인네들과 흠뻑 대화 나누면서 문화유산을 보는 안목을 길러 가시기 바랍니다.

함께할 수 있어서 행복합니다.
행복하세요.

2006년 6월 우산서실(愚山書室)에서

장콩선생 장용준

차례

글을 시작하며 _ 우리 문화유산 속으로 역사여행을 떠나요!   5

1부 그윽한 아름다움 우리 옛 도자기

푸른 창공에 사각이는 대나무가 새겨진 청자양각죽절문병   14
 [나는야! 역사탐정] 도자기의 종류를 구별하라   32

천년학이 살아 숨 쉬는 청자상감운학문매병   34
 [나는야! 역사탐정] 도자기에 이름표를 만들어줘라   50

진홍빛으로 곱게 물든 주전자 청자진사연화문표형주자   52
 [나는야! 역사탐정] 주전자 속 숨어 있는 아이를 찾아라   62

화장을 해서라도 예뻐지고 싶었던 분청사기조화어문편병   64
 [나는야! 역사탐정] 분청사기의 제작 기법을 파악하라   82

추상적 창조미가 살아 있는 분청사기철화당초문장군   84
 [나는야! 역사탐정] 장군의 쓰임새를 추적하라   94

부잣집 맏며느리의 후덕함을 지닌 달항아리 백자대호   96
 [나는야! 역사탐정] 두 개를 연관지어 새로운 작품을 완성하라   114

비단 치마폭에 그린 듯한 포도송이가 있는 백자철화포도문호 116
[나는야! 역사탐정] 두 항아리의 매력을 분석하라 126

끈 하나로 멋을 부린 백자철화승문병 128
[나는야! 역사탐정] 같은 무리에서 다른 하나를 찾아라 132

2부 장인들의 혼이 담긴 우리 옛 금속공예

0.05mm 선 1만 3천 개로 장식된 초기철기시대의 잔무늬거울 136
[나는야! 역사탐정] 유물의 뒷모습을 복제하라 146

백만 불짜리 매혹적인 미소를 지닌 삼국시대의 금동반가사유상 148
[나는야! 역사탐정] 두 반가사유상의 다른 점을 찾아라 162

1400년 만에 햇빛을 본 백제의 금동대향로 164
[나는야! 역사탐정] 백제 대향로를 해체하여 분석하라 174

어미 때문에 울린 맑고 고운 소리 통일신라의 에밀레종 176
[나는야! 역사탐정] 에밀레종이 내는 소리의 신비를 밝혀라 190

은실로 무늬를 상감한 고려의 청동은입사포류수금문정병 192
[나는야! 역사탐정] 잃어버린 유물의 이름을 찾아라 200

부록-Go! Go! 박물관 206
글을 쓰면서 도움 받은 책들 227

1부

그윽한 아름다움 우리 옛 도자기

푸른 창공에 사각이는 대나무가 새겨진 청자양각죽절문병

장콩선생 너희들 도자기 알지?

박물관에서 만날 수 있는 우리의 우수한 문화유산 중 한층 돋보이는 것이 도자기란다. 전시실에서 고고한 자태를 자랑하며 빛을 발하는 모습을 어렵지 않게 보았을 거다.

오랜 세월이 흘렀는데도 그 찬란함을 잃지 않고 고고히 빛나는 도자기의 매력이 궁금하지 않니?

참 치 네, 궁금해요. 도자기에는 독특한 아름다움이 있는 거 같아요.

늘보거북 맞아요! 우리 조상들은 옛날에 어떻게 그런 도자기를 만들었을까요? 정말 신기해요.

장콩선생 그렇단다. 오늘부터는 도자기에 대해서 하나하나 알아보자구나. 흥미로운 문화여행이 될 거다.

먼저 도자기에 대한 일반 상식부터 이야기해볼까.
도자기는 점토를 가지고 그릇의 형태를 만든 후 불에 구워낸 것을 말하는데, 굽는 온도와 구워내는 방식에 따라 토기·도기·석기·자기로 구분된단다. 그러나 도자기하면 통상적으로 청자나 백자와 같은 자기를 말한단다.

참 치 도자기하면 청자만 생각했는데 종류가 많네요.

장콩선생 그렇단다. 구분 방식에 따라 좀더 세부적으로 나눠질 수 있단다. 그런데 너는 토기와 자기의 차이점을 알고 있니?

참 치 토기는 유약을 입히지 않고 낮은 온도의 불 속에 구워낸 것이고, 자기는 유약을 발라 높은 온도에서 구워내 광택이 나는 그릇을 말해요.

장콩선생 그래, 잘 알고 있구나. 그럼 다음 그릇들을 토기, 도기, 석기, 자기로 구분할 수 있겠니?

④

① **빗살무늬토기**_ 신석기시대.
② **민무늬토기**_ 청동기시대.
③ **경질토기**_ 신라시대, 서강대박물관 소장.
④ **청자구룡형삼족향로(보물 1027호)**_ 고려 12세기, 총 높이 20.4cm, 향로 높이 10.2cm, 입지름 10.2cm, 삼성미술관 리움 소장.

참   치 ㅋㅋ 제가 도자기를 좀 알지요. 도기와 석기가 무엇인지 알 수 없기에 확실하게 구분할 수는 없지만, '①번 토기, ②번 도기, ③번 석기, ④번 자기' 일 것 같아요.

장콩선생 오우 놀라운걸. 참치를 족집게 도사로 임명합니다~~~
전부 맞혔구나. 이번 기회에 토기와 도기, 석기, 자기의 차이점을 알고 넘어가자구나.

◆**토기(土器)**는 점토로 그릇을 빚은 다음 유약을 입히지 않고 600~800℃ 정도의 낮은 온도에서 구워낸 그릇을 말한단다. 우리나라에서는 기원전 6천 년경부터 만들기 시작했지. 신석기시대에 만들어진 덧무늬토기나 빗살무늬토기가 여기에 해당된단다. ①번이 빗살무늬토기란다.

◆**도기(陶器)**는 섭씨 900~1000℃ 정도에서 유약을 입히지 않고 구워내나, 표면에 유약 처리를 한 경우도 간혹 있단다. 가마에서 구워낼 때 계속해서 산소를 공급하는 산화번조(酸化燔造) 방식으로 만들기에, 완성된 도기는 갈색 또는 황갈색을 띤단다. 청동기시대의 무늬없는 토기(민무늬토기)가 여기에 해당되지. ②번이 무늬없는 토기란다.

◆**석기(炻器)**는 1100℃ 이상의 고온에서 환원번조(還元燔造) 방

◆**덧무늬토기**_ 신석기시대의 토기로 융기문토기라고도 한다. 그릇의 표면에 띠 모양의 흙을 덧붙여 무늬를 냈다.

◆**빗살무늬토기**_ 신석기시대의 대표 토기로 그릇의 표면에 빗살무늬가 있다. 즐문토기라고도 한다.

식으로 구워낸 토기로서, 완성된 석기는 회색빛을 띤단다. 신라나 가야의 토기들이 여기에 속하지. 석기는 손으로 두드리면 쇠붙이 소리가 나기에 경질토기(硬質土器)라고 한단다. '경(硬)' 자가 '단단함'을 뜻하지. ③번 그릇이 이에 해당된단다.

◆ **자기(磁器)**는 순도 높은 고령토로 형태를 빚은 후에 장석질의 유약을 입혀서 1300℃ 이상의 고온에서 환원번조 방식으로 구워낸 그릇을 말한단다. 자기의 경우는 대개 700~800℃ 정도의 불로 초벌구이를 한 후, 도자기 표면에 무늬를 새기고 유약을 입힌 후 고온의 불로 재벌구이를 하는 과정을 거쳐 완성된단다. ④번 도자기가 해당되며, 고려청자, 분청사기, 조선 백자가 여기에 속한단다. 우리가 이 책에서 만나볼 도자기들이기도 하단다.

참 치 아빠, '산화번조'와 '환원번조'는 무엇인가요?

장콩선생 '번조(燔造)'란 불 속에서 그릇을 구워내는 방법을 말한단다. 불은 산소가 많이 공급되고 적게 공급됨에 따라 두 가지 색깔을 띠는데, 산소가 많으면 붉은색의 불꽃을, 산소가 부족하면 시퍼런 불꽃을 띤단다. 이때 붉은색 불꽃을 산화염(酸化焰), 산소가 부족하여 생기는 시퍼런 불꽃을 환원염(還元

焰)이라고 한단다.

가마를 설치하지 않고 땅 위에 구덩이를 파고 토기를 구우면, 산소 공급이 많아서 산화염 상태에서 그릇이 구워지는데, 이를 '산화번조'라고 한단다. 이 방식으로 그릇을 구워내면 그릇 만드는 흙이나 유약 내에 포함된 철분(Fe)이 공기 중의 산소와 결합하여 산화제이철(Fe_2O_3)을 만들기 때문에 대개 적갈색을 띠게 된단다. 선사시대 토기의 색깔이 적갈색인 이유가 여기에 있지.

'환원번조'는 가마를 만들어 가마 내부의 공기 소통을 제한하고 연료를 많이 공급하면, 산소가 부족하여 시퍼런 불꽃(환원염)이 일며, 그릇 만드는 흙이나 유약에 함유된 철분까지 밖으로 끌어내어 탄산가스로 환원시켜버린단다. 따라서 이 번조 방식으로 구운 토기는 짙은 회색빛을 띠는 경질토기가 되며, 유약을 입힐 경우는 불의 조절이나 유약의 성분에 따라 청자가 되기도 하고 백자가 되기도 한단다. 산화번조와 달리 환원번조는 지붕을 씌우고 굴뚝을 만든 오름가마와 같은 데서 비로소 가능하기에 석기나 자기를 구워내기 위해서는 가마의 조성이 꼭 필요하단다.

고려시대를 대표하는 청자나 조선시대를 대표하는 백자는 대부분 오름가마에서 만들어졌는데, 오름가마에서는 불을

오름가마_ 산이나 구릉의 경사를 이용하여 만든 우리나라 전통 가마로 구조가 복잡하지만 경제적이고 열효율이 좋아서 대량의 도자기를 구울 때 매우 효과적이었다. 고려청자나 조선 백자는 모두 이런 오름가마에서 만들어졌다.

조절하기에 따라 가마 속의 불길이 산화염도 됐다가, 환원염도 되기에 이 두 종류 불을 적절히 조절하면서 비취색 혹은 순백색의 아름다운 자기들을 만들어냈단다.

늘보거북 아빠! 이해가 안 돼요. 조금 쉽게 설명해줄 수 없어요?

장콩선생 그래! 너에겐 어렵겠구나. 그런데 '번조'에 대해선 "아! 그렇구나." 정도로만 이해하고 넘어가자구나. 도자기 만드는 방법을 좀더 전문적으로 이해하고 싶다면, 도자기 관련 전문 서적을 살펴보면 될 거다.

●**비취_** 짙은 초록색의 경옥. 빛깔이 아름다워 보석으로 쓰임.

장콩선생 이제부터 우리의 '옛 도자기 작품'에 대해 이야기를 풀어가자구나. 가장 먼저 만나볼 것은 도자기의 백미 고려청자란다.

참　치 아빠! 고려청자를 설명하기 전에 '청자'가 언제, 어디에서 왜 나타났는지부터 말씀해주세요.

장콩선생 그래, 아주 적절한 질문을 해주었구나. 고려청자를 이야기하기 전에 청자(靑磁)의 연원(淵源)부터 알아보는 것도 좋겠지.

우리는 청자하면 바로 고려를 떠올리지만, 사실 청자는 고려에서 처음 만들어진 것이 아니란다. 3세기경에 중국에서 처음 만들었지. 중국의 3세기는 유비와 조조, 손권이 중국 전체를 통일하기 위해 치열하게 싸우던 삼국시대로 이 시기에 옥(玉) 대신 사용하기 위하여 만들기 시작했단다.

중국에서 옥은 군자(君子)를 상징하는 것으로 악귀를 쫓아내고 죽은 후의 내세(來世)를 보장해주는 귀한 보물이었단다. 따라서 중국인들은 옥을 몸에 지니기를 즐겨했고, 부모님이 돌아가시면 무덤을 만들 때 시신과 함께 옥을 넣는 것을 큰 효도라고 생각했단다. 그런데 옥의 생산은 한정되었기에 가격이 매우 비쌌고, 큰 부자가 아닌 이상 다량의 옥을 무덤 안에 넣을 수는 없었단다. 그래서 옥의 대체 용품이 필요했고,

옥(오른쪽)과 원석_
청자는 3세기 중국에서 옥 대신 사용하기 위해 만들기 시작했다.

이를 위하여 개발된 것이 바로 청자였단다.

청자는 잡티가 전혀 없는 고령토란 흙으로 그릇을 만들고 700~800℃에서 초벌구이를 한 후, 그 위에 철분이 3%가량 들어 있는 유약을 입혀 다시 1,300℃ 정도의 고온에서 재차 구워내면 비취색의 맑고 영롱한 청자가 된단다.

늘보거북 아빠! 청자를 만드는 흙을 왜 고령토라고 해요?

장콩선생 청자뿐만 아니라 모든 자기는 대부분 고령토로 만든단다. 자

◆**가소성**_ 물체에 힘을 가한 후, 그 힘을 빼내도 원래의 상태로 돌아가지 않는 성질.

기 만드는 흙을 고령토라고 하는 이유는 중국 강서성에 있는 고령산에서 나는 흙을 가지고 만든 도자기의 질이 좋았기 때문에 자기를 만드는 흙을 일반적으로 '고령토'라고 부른단다. 고령토는 물을 가하면 가소성(可塑性)이 생기고 건조시키면 어느 정도의 강도가 생겨서 갈라지거나 금이 가지 않으며, 가열하면 모양이 변하지 않고 굳어지는 성질이 있기 때문에 도자기 원료로서는 최상의 흙이란다.

참　치 도자기 표면을 빛나게 하는 유약은 어떻게 만들어요?

장콩선생 유약이란 자기의 표면에 덧씌운 얇은 유리질 막을 말하는데, 수분의 흡수를 막고 도자기 자체의 강도를 높이며, 광택과 색깔을 나타나게 하여 자기를 매끄럽고 아름답게 만드는 효과가 있단다.

유약을 만드는 방법은 여러 가지가 있는데, 고려청자의 경우는 나무를 태운 재를 물에 타서 잿물을 만든 후에 광물질인 장석 가루를 조금 섞어 만들었단다. 철분의 함유 정도에 따라 자기의 빛깔이 결정되는데, 대체로 철분이 1% 정도면 연두색이, 3% 정도면 비색, 5% 정도면 진녹색의 청자가 만들어진단다.

참   치 그럼 우리나라는 언제부터 청자를 만들기 시작했어요?

장콩선생 우리나라에서 청자가 처음 만들어진 것은 통일신라 말기인 10세기 후반으로 추정한단다. 물론 이때의 청자 질은 매우 좋지 못했지. 그러다가 문벌귀족 세력이 전성기를 구가하는 11세기 후반에 접어들면서 점차 고려만의 특색을 지닌 비색 청자를 만들었고, 12세기 전반에는 우리가 지금도 세계에 자랑하고 있는 다양한 문양을 가진 귀족적 취향의 상감청자까지 만들기 시작했단다.

송나라 관리로 고려에 사신으로 왔던 서긍이 쓴 고려 견문록인 『고려도경』에 "자기의 빛깔이 푸른 것을 고려 사람들은 비색이라고 한다. 근년에 와서 만드는 솜씨가 교묘하고 빛깔도 더욱 예뻐졌다."고 찬사를 보낸 것도 12세기 전반, 고려청자가 전성기를 구가할 무렵의 일이었단다.

◆ **문벌귀족**_ 고려 전기의 지배 세력. 상감청자는 이들의 전성기인 12세기에 만들어지기 시작하여 무신들이 집권하는 13세기까지 주로 만들어졌다.

◆ **『고려도경』**_ 중국 송나라 휘종이 고려에 사절단을 보낼 때 함께 온 서긍이 송도에서 보고 들은 것을 그림을 곁들여서 기록한 책.

참   치 아빠, 멋진 고려청자 작품 좀 보여주세요.

장콩선생 그러자구나. 우수한 고려청자 한 점을 감상해보자구나. 다음에 나오는 작품이란다.

🔸 **청자양각죽절문병(국보 169호)** _ 고려 12세기, 높이 33.8cm, 입지름 8.4cm, 밑지름 13.5cm, 삼성미술관 리움 소장. 대나무로 표면을 감싸서 사용하던 병을 본떠 만든 상형청자의 하나로, 빛깔이나 형태미가 단연 돋보이는 작품이다. 긴 목 부분의 번잡함을 능숙하게 처리하였다.

늘보거북 와! 색깔이 끝내주네요. 이름이 뭐예요?

장콩선생 '청자양각죽절문병(靑磁陽刻竹節文甁)'이란다. 고려시대에 만들어진 청자 병인데, 마디가 새겨진 대나무 무늬를 양각(陽刻)했기에 이런 이름이 붙여졌단다.

청자는 몸체에 무늬가 없거나 무늬를 넣되 양각·음각·투각 등의 방식으로 작품을 만들어 유약을 발라 구운 순청자에서 무늬가 될 부분을 음각하고 백색 흙이나 검은색 흙으로 채운 후 유약을 발라 구운 상감청자로 발전하였지. 그런데 지금 우리가 보고 있는 청자는 고려시대에 만들어진 순청자 중에서 대표작이라 할 수 있는 작품이란다.

이 청자를 본 소감을 말해볼까?

참　치 제가 지금까지 본 어느 청자보다 시원한 느낌이 들어요.

늘보거북 청자 빛깔이 연초록 바다를 닮은 듯 아주 아름다워요.

장콩선생 아빤 대나무 숲에 와 있는 것 같구나. 귀를 열고 청자에서 나는 소리를 들어보렴. 인적 없는 청정한 대숲의 바람 소리가 들리지 않니. 아빠는 이 청자와 마주하고 있으면 한 줄기 빛이

◆**양각**_ 그릇의 표면을 도드라지게 하여 무늬를 표현하는 기법.

◆**음각**_ 무늬가 될 부분을 오목하게 파내어 표면보다 들어가게 새기는 기법.

◆**투각**_ 앞면에서 뒷면까지 완전히 파서 모양을 나타내는 기법.

내리쬐는 안개 자욱한 아침에 대나무 숲을 뒷짐 지고 걷는 듯한 느낌이 든단다. 그리고 또 영화「와호장룡」속의 미세하게 움직이는 대나무들의 푸른 율동이 느껴지기도 한단다.

참　치 아빠, 이 청자만의 특징이 있나요?

장콩선생 사람이나 동식물, 또는 기물(器物)의 모양을 형상화한 청자를 상형청자(象形靑磁)라고 하는데, 이 도자기는 대나무로 표면을 감싸서 사용하던 병을 본떠 만든 상형청자로 빛깔이나 형태미가 단연 돋보이는 명품이란다.

병의 표면에 새겨진 무늬는 대나무를 양각으로 정교하게 처리하였는데, 입술 아래에서 시작된 대나무는 처음엔 한 개이다가 어깨를 거치면서 두 개로 나뉘어져서 몸통 부위에서 가장 넓게 형성되었다가 굽 부분으로 오면서 약간 좁아지며 자연스럽게 마무리 지었단다. 그리고 각 대나무에는 가로로 가는 두 줄을 음각하여 마디를 표현했단다.

참　치 대나무 줄기가 하나이다가 두 개로 갈라진다고요? 저는 잘 모르겠는데요.

장콩선생 그럼 도자기를 확대해서 자세히 한번 살펴볼까?

어때, 자세히 보니 두 줄기의 대나무가 목으로 올라가며 하나로 합해지고 있지. 이 도자기를 만든 도공은 '몸통에 비해 가느다란 병목을 어떻게 처리할 것인가'를 놓고 많은 고심을 했을 거다. 결국 그는 궁리 끝에 굵은 대나무를 몸통에 새기고 위로 올라가며 점차 굵기를 줄이다가, 병목 부분에서 두 개의 대나무를 하나로 합하여 번잡함을 최대한 없애면서 천년학의 자태를 지닌 길고 가는 목을 만들어냈단다.

청자양각죽절문병 부분 확대 그림_ 두 줄기의 대나무가 목으로 올라가면서 하나로 합해져 번잡함을 없애고 있다.

생각해보렴. 몸통의 대나무를 쭉 뻗은 그대로 병목까지 새기면 병목이 저렇게 늘씬하게 뻗어 오를 수

청자양각죽절문병　29

있겠니? 상당히 통통하게 만들어졌을 거다. 도자기 만드는 데 평생을 바친 사람이 아니고서는 결코 생각할 수 없는 참신한 발상이자 노련한 기법이라고 할 수 있겠지.

늘보거북 저는 대나무의 표현도 표현이지만 도자기 색이 제 마음에 딱 들어요. 아빠 생각은 어떠세요?

장콩선생 그래, 네 말이 맞다. 사실 이 도자기의 백미(白眉)는 대나무 줄기의 표현에 있기보다는 도자기의 색에 있단다.
엷은 푸른색을 띠고 있는 이 청자는 병의 유려한 형태와 자기 색이 아주 잘 조화를 이루어 청아한 느낌을 갖게 만든단다. 고려청자의 비색이 지니는 특징인 거지.
이 정도의 색감이었기에 중국 송나라의 서긍이 그 빛깔을 극찬하였으며, 역시 송나라 사람인 태평노인은 『수중금(袖中錦)』에서 촉의 비단, 절강의 차(茶)와 함께 다른 곳에서는 따라 하고자 해도 도저히 할 수 없는 천하의 명품이라고 고려청자에 찬사를 보냈단다. 아무튼 고려청자는 지금도 그렇지만, 만들어지던 당대에도 해외에서 극찬할 정도로 그 색감이 뛰어났던 명품이었지.

◆ 『수중금』_ 중국 송나라의 태평노인이 지은 책. 당시 중국의 상류사회에서 천하제일로 치는 열 가지 중의 하나로 고려청자를 꼽았다.

늘보거북 아빠, 이 도자기는 어디서 만들어졌나요?

장콩선생 우리가 명품으로 치는 고려청자는 주로 전라북도 부안이나 전라남도 강진의 가마에서 구워졌단다. 이 청자 역시 전라남도 강진에서 구워졌을 거다. 그 이유는 전남 강진군 대구면 사당리 가마터에서 이와 비슷한 청자 파편이 발견되었기 때문이란다.

현재 이 도자기는 국보 제169호로 지정되어 있는데, 일제시대 때 우리나라에 들어와 사업을 했던 이토 마키오(伊藤愼雄)라는 사람이 소장하고 있다가, 우리나라가 해방이 되기 직전에 우리나라 사람에게 넘겨 지금은 서울에 있는 삼성미술관 리움에 전시되고 있단다.

 **미션 명 ◇ 도자기의 종류를 구별하라**

도자기에는 여러 종류가 있습니다. 역사탐정이 되어 다음 도자기들의 종류를 보기에서 찾아 밝혀봅시다.

| 보기 | 토기 | 도기 | 경질토기 | 자기 |

▶▶▶ 정답은 202쪽에 있음.

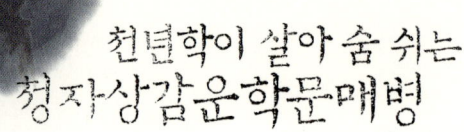
천년학이 살아 숨 쉬는
청자상감운학문매병

장콩선생 이 시 알겠니?

푸르게 빛나는 옥은

푸른 하늘에 비치네.

한번 보는 내 눈조차

맑아지는 것 같아라.

참 치 예! 알겠어요. 초등학교 교과서에서 본 것 같아요.

◆이색_ 호는 목은. 고려 후기의 대학자. 저서로 「목은시고(牧隱詩藁)」, 「목은문고(牧隱文藁)」가 있다.

장콩선생 그래 맞다. 초등학교 6학년 1학기 사회교과서에 나온 목은 이색(李穡, 1328~1396)의 작품으로 고려청자의 아름다움을 표현한 멋진 시란다. 눈을 감고 시의 이미지를 떠올려보렴. 고려청자의 단아하면서도 기품 있는 아름다움이 가을 하늘의 청명한 이미지와 함께 머릿속을 맑게 할 거다.

늘보거북 아빠가 그렇게 말씀하시니까 시에서 청자가 그려지는데요.

장콩선생 늘보가 눈을 오래 감고 있구나. ㅋㅋ 조는 건 아니지?

자! 그럼, 오늘은 이 시의 이미지를 가장 잘 담고 있다고 생각되는 고려청자 하나를 감상해보자.

'청자상감운학문매병(靑磁象嵌雲鶴文梅甁)'이란다. 현재 국보 제68호로 지정된 도자기로 고려청자 중에서도 빼어난 아름다움을 자랑하는 명품 중의 명품이란다.

참 치 그런데 이름이 왜 '운학문매병'이에요? 옛날 그림이나 도자기, 공예품의 이름은 전부 한자여서 쉽게 이해할 수 없어요.

장콩선생 그래, 네 말이 맞다. 한글로 작품의 이름을 붙이면 쉽게 알 수 있을 텐데, 어려운 한자를 써서 너만한 아이들이 작품을 이해하는 데 어려움을 주는구나. 그러나 어느 미술품이나 나름대로 이름 붙이는 순서가 있으니, 그것을 알면 쉽게 작품을 파악할 수 있단다. 일단 작품을 한번 살펴볼까?

청자상감운학문매병(국보 68호)_ 고려시대, 높이 42.1cm, 입지름 6.2cm, 밑지름 17cm, 간송미술관 소장. 송나라에서 유래된 고려 매병은 12세기경 고려적인 독특한 선으로 한국화되어 풍만하면서도 유연한 선의 아름다움을 나타냈다. 이 작품은 상감청자 매병 중 대표작으로 세련미의 극치를 이루고 있다.

장콩선생 도자기를 본 느낌이 어떠니?

참　치 화려하면서도 표면에 있는 학들과 고려청자 고유의 비색 때문에 청초한 아름다움이 느껴져요.

장콩선생 그렇단다. 이 도자기를 빚은 도공은 아무신 어깨와 질록힌 허리를 가진 그릇을 정성껏 빚은 후, 그 표면에 창공을 박차고 솟구치는 학과 구름을 헤치며 지상으로 내려가는 학을 질서정연하면서도 리듬감 있게 새겨 놓아, 조화와 균형미가 뛰어난 기품 있는 작품을 만들어냈단다.

도자기들의 이름이 어렵다고 했지?
도자기의 경우는 이름을 붙일 때 도자기의 종류, 문양 기입 방법, 문양, 도자기의 형태순으로 이름을 붙인단다. 오늘 감상하는 청자상감운학문매병의 경우 고려시대에 만들어진 청자여서 '청자'를 먼저 붙이고 문양 기입 방법이 상감 기법이어서 '상감'을 넣은 후, 구름과 학을 주요 문양으로 했기에 '雲(구름 운) 鶴(학 학) 文(무늬 문)'이라 했단다. 그리고 마지막에 도자기의 형태인 '매병'을 붙였단다.
어때! 이 정도면 이 도자기를 청자상감운학문매병이라고 하는 이유를 알겠지.

참　치　예! 아빠가 설명해주니 한자로 써져 있어도 쉽게 알겠군요. 그러니까 도자기의 이름은 이렇게 붙이는 것이군요.

청자	상감	운학문	매병
도자기의 종류	문양 기입 방법	문양	형태

장콩선생　그래! 아주 잘 이해했구나. 그런데 이 도자기의 제작 기법인 상감 기법이 무엇인지는 알고 있니?

참　치　예, 미술 시간에 배워서 잘 알고 있어요. 도자기의 무늬 부분을 선이나 면으로 파낸 후에 흰색 흙이나 검은색 흙을 채워 넣어 무늬를 돋보이게 하는 기법이죠.

장콩선생　잘 알고 있구나. 상감 기법은 고려 도공(陶工)들이 독자적으로 만들어낸 기법이란다. 예전부터 금속의 표면을 파고 파인 부분에 은을 실처럼 가느다랗게 만들어 집어넣는 '은입사(銀入絲) 기법'이 전해왔는데, 고려의 도공들은 이 은입사 기법을 세계 최초로 도자기 만드는 데 적용하여 상감청자라는 독자적이면서도 미의식이 뛰어난 작품을 만들어냈단다. 옆면의 두 작품은 은입사 기법이 도자기에 어떻게 적용되었는지를 잘 보여주고 있단다.

🦌 **청자상감포류수금문정병(국보 66호)**_ 고려 12세기, 높이 37cm, 밑지름 8.9cm, 간송미술관 소장. 고려에 와서 가장 세련되게 나타난 정병으로 곁들인 상감무늬는 장식 효과를 높이고 있다.

🦌 **청동은입사포류수금문정병(국보 92호)**_ 고려시대, 높이 37.5cm, 국립중앙박물관 소장. 은입사 기법을 유감없이 발휘하고 있다.

장콩선생 그림을 보면 알 수 있듯이 버드나무 아래 노니는 물짐승들을 청동기 표면에 은입사한 청동 정병(왼쪽)과 이와 흡사한 문양을 상감 기법으로 새긴 청자 정병(오른쪽)이란다. 정병은 불교의식에 사용할 깨끗한 물을 담는 병을 말하지.

참 치 아빠! 그런데 꽃병처럼 보이는 병을 왜 '매병'이라고 해요?

장콩선생 매병의 '매'는 한자로 '梅(매화나무 매)'자를 쓴단다. 이러한 모양의 병은 중국 송나라에서 만들어지기 시작하였는데, 세찬 겨울바람 속에서도 의연히 제 자태를 뽐내며 꽃을 피우는 매화를 꽂는 데 사용했단다. 그런데 고려에서는 꽃병보다는 주로 술병으로 사용했단다. 그리고 보면, 고려의 매병들은 '酒(술 주)'자를 써서 '주병'이라 하는 것이 더 타당하겠구나. 네 생각은 어떠니?

좋다아~

참 치 제 생각에는 주병보다 매병이 좋겠어요. 비록 술병으로 썼어도 매화 한 송이를 꽂을 줄 아는 운치를 가진 사람이 이 병의 주인이었을 것 같거든요.

장콩선생 내가 생각해도 그렇구나. '청자상감운학문주병'보다는 '청자상감운학문매병'이 도자기의 품격에 더 어울리는구나.

이 도자기에 그윽한 향기를 머금은 매화가 꽂혀 있다고 생각하니 삶에서 꽃핀 옛 선인들의 예술적 멋스러움이 고스란히 전해지는구나.

늘보거북 아빠, 이 도자기엔 어떤 아름다움이 있나요?

장콩선생 물론이란다.

이제부터 이 작품의 매력을 하나하나 알아보자구나.

현재 국보로 지정되어 있는 고려 청자 매병은 4점인데, 모두 청자 전성기였던 12세기에 만들어진 작품이란다.

'청자상감운학문매병' 외에 '청자음각연화당초문매병(국보 97호)', '청자음각연화문매병(국보 252호)', 청자음각연화절지문매병(국보 254호)'이 이에 해당되지.

문화재청 홈페이지에 들어가보면 이 매병들을 볼 수 있단다.

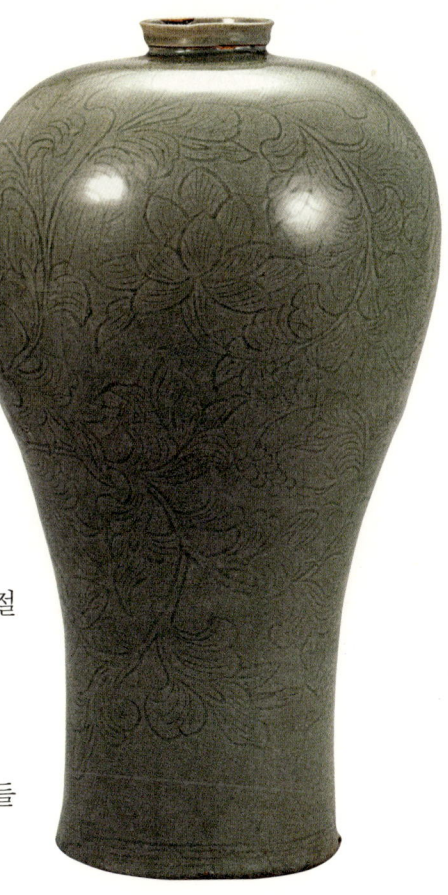

청자음각연화당초문매병(국보 97호)_ 고려 12세기, 높이 43.9cm, 국립중앙박물관 소장.

장콩선생 현재 국보로 지정된 이 4점의 매병 중에서도 가장 우수하다고 여겨지는 '청자상감운학문매병'은 높이가 42.1cm로 매병 중에서도 상당히 큰 작품이란다.

이 매병은 언뜻 보면, 입이 작은 반면에 어깨가 넓고 당당하며 어깨선에서 허리로 내려가는 곡선의 경사도가 급하고 굽 부분이 어깨보다 좁아서 불안정하게 보인단다. 그러나 어느 누구도 이 도자기를 보면서 불안정하다거나 조화롭지 못하다고 평하지는 않는단다.

그 이유는 야물게 다문 작은 입에 듬직한 어깨선, 매끄럽게 흘러내려 적당한 지점에서 잘록한 허리를 형성했다가 다시 반전(反轉)하여 청자의 무게를 지탱할 정도로만 터를 잡은 굽이 위태로운 듯하면서도 전체적인 균형감을 유지하고 있기 때문이란다.

또한 이 도자기를 안정적으로 보이게 하는 데는 학들의 진행 방향도 한 몫을 하고 있단다. 사실 흰구름과 학, 즉 운학문(雲鶴文)은 다른 나라와 달리 우리나라의 고려자기에서 즐겨 사용한 대표적인 문양이란다.

도자기 표면의 학을 확대해서 한번 살펴볼까? 어떠니?

청자상감운학문매병 부분 그림_ 학의 방향이 원 안과 밖에 달리 배치됨으로써 도자기 전체가 균형감을 유지하고 있다.

참   치 흰색과 검은색으로 그린 이중의 원 안에 날아오르는 학을 새겨 넣었네요. 그리고 원 밖에는 구름을 헤치고 내려가는 학을 새겨 놓았네요.

장콩선생 잘 보았구나. 이 도자기를 만든 도공은 검은색과 흰색의 이중 원을 42개나 반복하여 그린 후, 원 안에는 구름을 헤집고 비상(飛上)하는 학을, 원 밖에는 쉴 곳을 찾아 천천히 내려가는 학을 간결하면서도 깔끔하게 새겨 놓아 절제된 균형감 속에 백학(白鶴)의 단아한 품성이 그대로 살아 있게 해 놓았단다. 그리고 원 안과 밖의 학이 나는 방향을 서로 교차되게 표현하여 반복되는 문양의 단조로움을 피하면서, 보는 이로 하여금

시선이 사방으로 확대되어 변화와 생동감이 넘치는 느낌을 갖게 만들었단다.
한번 생각해보렴. 원 안과 밖의 학이 전부 일정한 방향을 향하고 있다면, 아무래도 균형감이 없겠지. 그리고 율동감도 사라지겠지.

참　치 네, 정말 그러네요. 학의 배치를 원 안과 밖에 달리 함으로써 도자기 전체가 균형감을 유지하면서도 리듬감 있는 작품이 되었어요.

늘보거북 아빠! 이 도자기 속에 학은 몇 마리나 살고 있어요?

장콩선생 네가 생각하기에 몇 마리 정도겠니?

늘보거북 100마리쯤 되어 보여요.

장콩선생 도자기 속에 새겨진 학의 숫자가 중요한 것은 아니지만, 늘보거북이가 질문했으니, 한번 알아볼까?
도자기 속의 학은 총 69마리란다. 흑백의 상감으로 처리한 원 속에 하늘을 뚫고 날아오르는 학이 46마리, 원 밖에 구름을 헤치고 지상을 향해 내려가는 학이 23마리 새겨져 있단다. 이처럼 많은 학이 도자기 속에 살고 있기에 '천학매병(千鶴梅甁)'이라 부르기도 한단다.

아빠 이 병을 바라보노라면 세월을 건너 푸른 하늘에서 날갯짓을 하는 천년학의 고고함에 감동마저 밀려온단다.

참 치 이 도자기는 누가 발견했어요? 많은 사람이 욕심을 냈을 것 같아요.

장콩선생 이 도자기가 세상에 알려진 것은 일제시대인 1930년대 중반으로, 어느 도굴꾼이 개성 근처에서 파내어 일본인 골동품 상인에게 팔았단다. 그때 이 도자기를 보았던 마에다라는 일본 상인은 도자기 표면에 "천 마리의 학이 날고 있는 것처럼 보인다." 하여 이 도자기를 '천학매병'이라 했단다.

이 도자기는 발견 당시부터 명품으로 알려졌기에 많은 일본인이 탐을 냈으나, 우리 문화재 수집에 정열을 쏟았던 간송 전형필(1906~1962) 선생이 최종적으로 구입하여 우리나라에 남아 있게 되었단다.

간송 선생은 고증학자인 오세창 선생과 교유하며 민족문화재를 보호하는 데 심혈을 기울였고, 전 재산을 쏟아부어 우리 문화재의 일본 유출을 막으신 분이란다. 이 도자기 또한 선생

◆**전형필**_ 호는 간송(澗松). 서울 출생. 1926년 휘문고보를 거쳐 1929년 일본 와세다대학교 법학부를 졸업하였다. 귀국 후 오세창의 지도로 민족문화재를 수집하는 데 힘써 우리 문화재가 일본인에게 넘어가는 것을 막았다. 수집한 문화재는 그의 개인 박물관인 보화각(葆華閣:현 간송미술관)에 보존하였는데, 수집품 중에는 1942년 일본인 몰래 안동에서 거금 2,000원을 주고 구입한 「훈민정음(訓民正音)」 원본을 비롯하여 수많은 고서적·고서화·석조물·자기 등이 있으며, 다수의 작품이 국보와 보물로 지정되어 있다.

간송 전형필 선생이 세운 간송미술관(서울 성북동 소재)과 미술관 내에 있는 전형필 선생 동상_ 1938년에 설립된 이 미술관에는 「훈민정음(국보 70호)」을 비롯한 국보급 문화재가 다수 소장되어 있다.

이 지켜낸 우리의 소중한 유물인 것이지. 선생은 인수한 보성학교의 재정문제로 힘든 지경에 처했으면서도 끝끝내 이 청자상감운학문매병을 팔지 않았다는구나. 선생의 이러한 열정 덕분에 이 도자기는 1962년 12월 20일 국보 제68호로 지정되었고, 현재까지 서울의 성북동에 있는 간송미술관에 소장되어 있단다.

참 치 그런데 이처럼 화려하면서도 운치가 있는 도자기를 누가 사용했나요?

장콩선생 참치는 사용자가 궁금하니? 아빠 생각에는 사용자보다 이처럼 빼어난 아름다움을 지닌 도자기를 만든 주인공이 누구인지 아는 게 먼저일 것 같다.

참 치 아! 정말 그러네요. 그럼 다시 질문할게요. 이 도자기를 만든 사람은 누구인가요?

장콩선생 안타깝지만, 네 질문에 명확한 답을 할 수 없단다. 사실 이 도자기를 만든 도공의 이름은 누구도 모른단다. 이 도자기뿐만 아니라 우리가 명품으로 생각하는 도자기들은 모두 이름 없는 도공들이 만든 것이란다.

그러나 이 도자기를 사용한 사람들의 신분은 어느 정도 알 수 있단다. 이 도자기와 같은 상감청자가 사용되기 시작했던 시기는 12세기 전반으로 이 시기는 문벌귀족 세력이 고려사회를 이끌어갔단다. 이들이 고려왕실과 더불어 상감청자를 주로 사용했던 주인공들이었지.

그러니까 고려의 이름 없는 도공들은 지배층인 왕실과 귀족들의 화려한 생활을 위하여 혼신의 힘을 다해 상감청자를 만들어야 했고, 전라북도 부안이나 전라남도 강진과 같은 지방에서 그들이 만든 청자는 서해안 뱃길을 통해 수도인 개경으로 운반되어져서 귀족층의 화려한 생활을 더 화려하게 만드는 데 일조했다고 할 수 있지.

늘보거북 아빠! 이 도자기의 가격은 얼마나 돼요?

장콩선생 우리 조상들의 숨결이 살아 있는 문화재를 돈으로 환산하여 가치를 따지려 드는 것은 좋은 문화재 감상법이 아니란다. 왜냐하면 수천 년 동안 우리 민족과 함께 우리 땅에서 숨 쉬어 온 유물들은 어느 것 하나 소중하지 않은 것이 없기 때문이란다. 그럼에도 불구하고 꼭 이 도자기의 가격을 알고 싶다면, 간송 선생이 샀을 당시의 가격을 현재의 화폐 가치와 비교하여 추정해보면 어느 정도 짐작이 가능하단다.

간송 선생은 이 도자기를 2만 원을 주고 구입했단다. 2만 원이면 당시 서울의 기와집 10채 값이지. 이걸 기준으로 삼아 현재 가치를 추정해보면, 약 250억 원에서 300억 원 정도에 해당한단다. 그러나 이것이 절대적인 기준은 될 수 없단다. 옛 미술품의 가격은 때에 따라 크게 변동되고 특히 이 도자기와 같은 명품은 후손에게 대대로 물려줄 우리 민족의 자산(資産)이기 때문에 그 값을 매긴다는 것 자체가 웃기는 일이란다.

 **미션 명** 도자기에 이름표를 만들어줘라

다음 자기의 이름은 무엇일까요? 창공을 향해 솟구치는 학과 구름을 헤치고 지상으로 내려가는 학의 모습을 리듬감 있게 새겨 놓은 이 작품은 고려청자 중 명품입니다. 도자기에 이름 붙이는 순서를 생각하면서 붙여봅시다.

▶▶▶ 정답은 202쪽에 있음.

진홍빛으로 곱게 물든 주전자
청자진사연화문표형주자

장콩선생 오늘은 청자 중에서도 조금 색다른 느낌을 가진 도자기 하나를 감상해보겠다.

몸체를 꽃이 피기 직전의 연꽃으로 장식한 조롱박 모양의 청자 주전자로, 진홍빛을 띠는 진사 기법으로 몸통에 있는 연꽃잎의 가장자리를 장식한 아주 매혹적인 청자란다. 주전자라기보다 한떨기 아름다운 연꽃봉오리라 부르는 것이 더 나을 듯싶구나.

우리 함께 작품 속으로 퐁당 빠져볼까?

참 치 장식 기법이 독특해서 그런지, 상당히 세련된 느낌이 드는군요. 아빠는 몸통에 새겨진 무늬가 연꽃이라고 하지만, 제 눈

청자진사연화문표형주자(국보 133호)_ 고려 13세기, 높이 32.5cm, 밑지름 11.4cm, 삼성미술관 리움 소장. 연잎 가장자리와 잎맥을 붉은색을 띠는 진사로 장식한 화려하고 세련된 조형미가 돋보이는 걸작임. 강화도에 있는 최항의 무덤에서 출토되었다.

에는 비 온 뒤에 자라는 죽순(竹筍)처럼 보이는데요.

장콩선생 그래, 네 말을 듣고 보니 비 온 뒤에 땅에서 쑥쑥 올라오는 대나무 순처럼 보이기도 하는구나. 그러나 자세히 보면, 큰 연꽃봉오리 위에 작은 연꽃봉오리를 얹어 놓은 모양을 형상화한 것임을 알 수 있단다. 다시 한번 살펴보렴.

참 치 정말 그러네요. 몸체 전부를 연꽃봉오리로 나타낸 후, 병목 위에도 자그마한 연꽃봉오리를 올리고 그 끝부분을 뚜껑으로 활용하여 자연스럽게 표주박형 청자로 만들었네요.

늘보거북 아빠, 이 도자기의 이름이 뭐예요?

장콩선생 '청자진사연화문표형주자(青磁辰砂蓮華文瓢形注子)'란다. 이렇게 이름 붙인 이유를 얘기해보겠니?

참 치 전 시간에 도자기 이름 붙이는 순서를 배웠으니까, 제가 설명해볼게요. 도자기의 종류가 청자여서 먼저 '청자'를 쓰고 문양 기입 방법이 진사여서 '진사'를, 문양으로 연꽃무늬를 사용하였기에 '연화문', 그리고 도자기의 전체 형태가 표주박처럼 생겼고 주전자이기에 '표주박 표(瓢)'에 '물 따를 주

(注)'자를 써서 '표형주자'라 했어요. 여기서 '주자(注子)'는 주전자를 의미해요.

장콩선생 그래, 설명을 아주 잘했구나. 이런 땐 박수가 빠져선 안 되겠지?
박수 짝짝짝짝짝~~~

늘보거북 그런데 진사 기법이 무엇이에요?

참　치 저도 모르겠어요. 아빠가 설명해주세요.

장콩선생 진사(辰砂) 기법은 붉은색을 내는 산화동(酸化銅: 구리 가루) 물감을 붓으로 찍어 무늬나 그림을 나타내는 기법을 말한단다. 도자기 표면에 진사로 그림이나 무늬를 그린 후, 그 위에 유약을 씌워 높은 열로 구워내면, 산화동이 짙은 붉은색으로 곱게 발색(發色)되면서 이 도자기와 같은 독특한 분위기의 매력적인 작품이 만들어진단다.
구리를 유약으로 사용하여 높은 온도에서 구워내 진홍색이 나오는 기술은 고려가 가장 먼저 개발했단다. 그런데 '진사'라는 용어는 일본인들이 만들어 지금까지 사용해온 것으로,

이 용어를 아무 개념 없이 그대로 사용하기보다는 '동으로 그렸다' 는 의미에서 '동화(銅畵)' 로 사용하자는 주장이 점차 힘을 얻고 있단다. 만약 동화로 쓴다면 이 자기도 '청자동화 연화문표형주자' 라고 해야겠지.

늘보거북 아빠는 이 도자기의 어디가 제일 맘에 드세요?

장콩선생 아빠의 눈길을 사로잡는 부분은 바로 잘록한 병목에 새겨진 동자상과 손잡이 위에 올려진 개구리상이란다. 이들이 조금만 도드라졌어도 도자기의 품위가 많이 훼손되었을 텐데, 도공은 동자상과 개구리상을 사실적으로 조각하면서도 도자기 전체의 분위기가 훼손되지 않을 정도에서 적절하게 새겨 놓아 도자기 전체의 분위기를 한결 살려 놓은 것 같구나.

병목의 동자상을 확대해서 한번 보자구나.
동자가 무엇을 하고 있니?

늘보거북 연못에서 연꽃대를 잡고 목마(木馬)를 타고 있어요.

장콩선생 그렇지. 어린아이 하나가 연꽃대를 타고 앉아 무언가 깊은 생각에 빠져 있구나. 가느다란 목 부분이기에 이 정도의 동자상

🌸 **청자진사연화문표형주자 부분 그림_** 잘록한 목 부분의 중앙에 동자가 작은 연꽃을 끌어안고 깊은 생각에 잠겨 있다.

을 새겨 넣기가 쉽지 않았을 텐데, 도공은 아주 자연스럽게 동자상을 새겨 넣었구나.

이번에는 손잡이 위에 앉은 개구리를 살펴보자.
앞에 있는 파리라도 낚아채려는 듯 목을 길게 빼고 앞다리에 힘을 주고 앉아 있구나. 손잡이 위에 이 개구리가 없었다면 어쩌겠니?

참　치 손잡이 위가 조금 평퍼짐해서 장식이 없었다면 허전했을 것 같네요. 오히려 개구리에게 시선이 감으로써 허전함이 채워지고 있네요.

장콩선생 그렇구나. 그런데 이 개구리는 단지 장식으로만 붙여 놓은 것이 아니란다. 실제 무언가로 사용했던 개구리란다. 이 개구리의 용도가 무엇인지 알겠니?

참　치 잘 모르겠는데요.

장콩선생 개구리의 눈이 뚫려 있지. 장식용 개구리라면 구태여 눈을 뚫을 필요가 없을 것 같은데, 왜 눈을 뚫었을까? 도자기 뚜껑에 있는 고리와 연결지어 생각해보렴.

뚜껑의 고리(왼쪽)와 손잡이의 개구리 장식_ 손잡이의 개구리 장식은 평화롭지만 생동감 넘치는 연못의 정경을 나타낸다. 개구리의 눈과 뚜껑의 고리가 연결돼 뚜껑의 분실을 방지하고 있다.

참　　치 아! 알겠어요. 주전자 뚜껑이 분실되는 것을 방지하기 위하여 뚜껑과 연결하는 고리를 매달아 놓는 역할을 했어요.

장콩선생 그래, 잘 보았구나. 개구리 눈은 주전자 뚜껑이 분실되는 것을 방지하는 고리 역할을 하면서, 곁들여서 이 도자기의 전체적인 분위기를 매혹적으로 만들어주는 역할까지 함께했단다. 대단히 참신한 발상이라고 생각되지 않니? 생활에서의 실용적인 측면까지 고려한 것이라고 할 수 있단다.

늘보거북 정말 그래요. 이 도자기를 만든 사람은 분명 주전자 뚜껑을 자주 잃어버렸던 사람일 것 같아요.

장콩선생 늘보거북이 말도 일리가 있다. 자신이 경험하지 않았으면 그런 발상이 나오기가 쉽지 않았겠지. 그런데 어쩌니? 도공선생이 이미 하늘나라에 가 계시니 정말 그랬는지 물어볼 수도 없고. 아쉽지만, 상상으로 짐작할 수밖엔 없겠다.

그런데 이 도자기가 언제, 어디서 발굴되었는지 알고 있니?

늘보거북 글쎄요, 특별한 사연이라도 있나요?

장콩선생 이 주전자는 강화도에 있는 최항의 무덤에서 도굴되어 묘지석과 함께 출토되었단다. 최항은 고려 무신정권기(1170~1270) 때 장군으로 13세기 전반을 살았던 인물이란다. 따라서 이 도자기가 만들어진 연대는 13세기 전반 이전이었음을 추정할 수 있고, 나온 곳이 명확하므로 고려청자의 편년(編年)을 작성하는 데 큰 도움을 주고 있단다.

참   치 현재 있는 고려청자 명품은 대부분 고려왕실과 귀족들의 무덤에서 출토된 것이라고 하던데, 그 이유가 뭐예요?

장콩선생 이렇게 이해하면 되겠지. 고려왕실과 귀족들은 화려한 생활

◆**묘지석_** 무덤의 주인이 누구인지를 알려주기 위해 주인의 신상명세를 적어 무덤 안에 넣어 놓은 판.

◆**무신정권기_** 문신들의 차별대우 때문에 일어난 무신정변(1170) 이후 무신들이 정치를 장악했던 시기.

◆**편년_** 연대를 따라 역사를 엮음.

을 하기 위해 도공들에게 명을 내려 자신들이 사용할 술병, 술잔, 꽃병, 심지어는 지붕의 기와나 잠잘 때 사용하는 베개까지도 청자로 만들어 호사스런 생활을 영위했단다. 그리고 그러한 생활은 몽고침략으로 수도가 강화도로 옮겨간 무신정권기 때도 지속되어 나라가 풍전등화의 위기에 놓인 상황 속에서도 지배층은 백성의 어려운 삶은 도외시하고 청자 술잔에 술을 따르며 사치스런 생활을 계속 했지. 그러다가 귀족이 죽으면 호사스런 생활이 지하에서도 계속되기를 바라는 맘에서 무덤의 주인공이 가장 애용했던 청자들을 무덤 속에 넣어주었던 거란다. 백성들의 어려운 삶이야 안중에도 없던 이율배반적인 못된 행동이었지만, 그래도 그들의 무덤에서 나온 청자들이 우리 문화의 우수성을 세계에 알려주고 있으니, 이 또한 아이러니겠지.

이 도자기는 도굴된 후, 숨겨져 있다가 세상에 처음 알려진 것은 1970년 초반으로, 언제 넘어갔는지는 모르지만 일본에 경매 물품으로 나온 것을 당시 삼성 그룹의 대표이던 이병철 씨가 3천5백만 엔에 낙찰을 받아 우리나라로 가져올 수 있었단다. 이후 도자기는 국보 제133호로 지정되어 현재는 삼성미술관 리움에 소장되어 있단다.

 미션 명 ◇ 주전자 속 숨어 있는 아이를 찾아라

다음 자기는 청자진사연화문표형주자입니다. 몸체를 진홍빛 연꽃으로 장식하여 더욱 매혹적인 이 작품을 보고 다음의 질문에 답하시오.

① 아이가 숨어 있는 곳은 어디인가요?
② 개구리는 어디에 있나요?
③ 개구리 눈엔 왜 구멍이 뚫려 있을까요?

▶▶▶ 정답은 202쪽에 있음.

화장을 해서라도 예뻐지고 싶었던
분청사기조화어문편병

장콩선생 다음 도자기의 차이점을 알겠니?

늘보거북 왼쪽 병엔 학의 무늬가 오른쪽 병엔 연꽃무늬가 있네요.

참　치 색깔에서 확연히 차이가 나고, 왼쪽 술병은 매끄러운 데 반하여 오른쪽 매병은 거친 느낌이 들어요.

장콩선생 오우 놀라운 실력들인걸.
왼쪽 술병은 고려시대에 만들어진 청자이고, 오른쪽 매병은 조선 초기에 만들어진 분청사기란다. 오늘부터는 이 분청사기에 대해 공부해보자구나.

청자상감운학문병(왼쪽)_ 고려 12세기, 높이 30cm, 삼성미술관 리움 소장. 학과 구름이 상감되어 청초하고 서정적인 분위기가 일품이다.

분청사기상감연화문매병(오른쪽)_ 조선 15세기, 높이 27.3cm, 삼성미술관 리움 소장. 공처럼 둥근 몸체와 밖으로 크게 벌어진 밑부분은 조선 초기에 제작된 매병의 전형적인 모습이다.

장콩선생 고려의 왕실과 귀족층이 애호했던 청자도 끝이 있었단다. 몽고와 치열하게 전쟁을 하던 13세기 중반부터 품질이 나빠지더니, 고려 말로 접어드는 14세기 중반부터는 청자의 질이 급속도로 떨어지면서 그 자리를 분청사기가 차지했단다.

참 치 중국에서까지 찬사를 받았던 청자가 14세기 중반에 접어들면서 갑자기 쇠퇴하게 된 특별한 이유가 있나요?

장콩선생 물론 있지. 청자, 특히 상감청자를 주로 만들었던 장소가 어디였지? 참치가 말해볼까.

참 치 부안과 강진이요.

장콩선생 딩동댕! 그럼 부안과 강진의 공통점은? 지형적인 측면에서 생각해보렴.

참 치 아! 알았다. 두 곳 다 해안을 끼고 있어요.

장콩선생 딩동댕동 딩동댕! 정확히 맞혔구나. 이럴 때 부르는 축하 노래가 있지. 우리 다 같이 불러볼까?
나- 나나나- 나나나나나- 쏴~

상감청자의 주 생산지인 부안과 강진의 청자 도요지는 모두 바다를 끼고 있단다. 도자기를 생산한 후에 주 수요처인 개경으로 운반을 편하게 하기 위해서였지. 그런데 문제는 고려 말로 접어드는 14세기 중반 이후로 고려의 국방력이 약화되면서, 우리나라 남해안과 서해안에 왜구가 극성을 부렸단다. 우리나라 전 역사를 통해서 왜구의 침탈이 가장 극심했던 때였지.

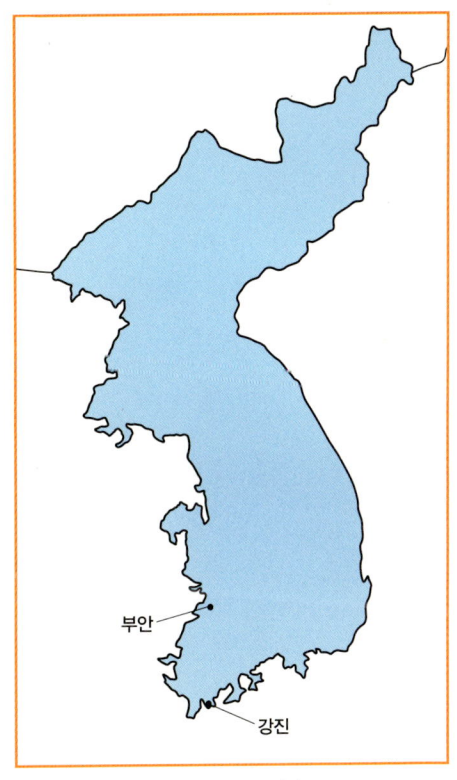

청자의 주 도요지 부안과 강진

이런 상황이다보니, 바닷가에 있던 강진이나 부안의 도요지들은 도자기를 구워낼 수 없었고, 도공들은 왜구들을 피해 경기도·충청도·전라도·경상도의 내륙지방으로 피신할 수밖에 없었단다. 그리고 그곳에서 소규모의 가마를 만들어 그야말로 먹고살기 위하여 그릇을 굽지 않을 수 없었단다. 그런데 문제는 강진이나 부안에서와 같은 방식으로 그릇을 구워내도 결코 비색의 청자는 만들어지지 않았단다. 아무리 노력해도 시멘트 빛깔이나 회색, 아니면 누런색의 그릇밖에 생산되지 않았지.

늘보거북 이상하네요. 같은 사람들이 같은 방법으로 만들었는데도 왜 그랬나요?

장콩선생 그릇을 굽는 가마와 도자기를 만드는 흙, 유약만 있으면 어디에서든지 도자기를 생산할 수 있었지만, 문제는 비색의 청자를 만들 좋은 흙과 유약은 아무데서나 구할 수 없었기 때문이지. 그래서 내륙으로 진출한 도공들은 질이 떨어지는 흙으로 그릇을 빚은 후, 그 위에 백색의 고운 흙을 여자가 얼굴에 분을 바르듯이 발라 최대한 청자에 가까운 그릇들을 생산하기 시작했단다. 바로 '분청사기'였지.

이렇게 탄생한 분청사기는 당시 새롭게 등장하는 세력인 신진사대부의 성향과 절묘하게 맞아떨어지면서 한 시대를 풍미하는 대표적인 도자기로 자리매김했단다.

신진사대부는 본래 지방의 향리 출신으로 성리학을 공부했던 세력인데, 이들은 공민왕 때부터 중앙 관계로 진출하여 당시 지배층이었던 권문세족과 사사건건 대립하다가, 이성계의 위화도회군(1388) 이후에는 실권을 장악하여 결국 조선왕조를 개창했단다. 그런데 이들은 내세의 극락왕생보다는 사람의 본분을 지키면서 현실 속에서 검소하고 질박한 삶을 살고자 하는 유교적 현세관을 지닌 세력이었고, 이들이 자기 사

◆**위화도회군**_ 요동정벌군을 이끌고 출진했던 이성계가 압록강 하류에 있는 섬인 위화도에서 일으킨 군사 쿠데타. 이 사건으로 이성계는 정치권력을 장악하였고, 새 왕조 조선을 개창할 수 있었다.

용의 주 수요층이 되면서 자신들의 생활관에 맞는 질박하면서도 소박한 분청사기를 애용하였단다.

참　치　그런데 왜 그릇의 표면을 흰색의 흙으로 다시 발랐을까요?

장콩선생　피부가 좋은 여자는 화장을 하지 않거나 해도 약하게 하는 데 반하여 피부가 거친 여자는 화장을 짙게 해서 자신의 거친 피부를 화장으로 가리려고 하지. 분청사기가 꼭 그 꼴이었단다. 내륙지방의 도처에 가마가 만들어지고 먹고살기 위해 도공들은 대량으로 그릇들을 구워내다보니 질 좋은 흙으로 정성을 다하기보다는 질은 좀 떨어지더라도 가마로부터 가까운 데서 흙을 구하게 되었고, 그런 흙으로는 고려청자와 같은 때깔이 고운 그릇을 생산할 수 없었단다. 그래서 생각해낸 것이 거친 흙으로 그릇을 빚은 후, 그 위에 흰색 흙(백토)으로 덧칠을 하여 거친 속살을 약간이나마 감추게 했던 거란다.

참　치　분청사기는 종류가 다양하다고 하던데, 어떤 것들이 있어요?

장콩선생　제작 기법에 따라 그 종류를 나누어볼 수 있단다. 다음에 나오는 제작 기법의 종류와 해당 도자기를 보면 좀더 이해가 쉬울 거다.

🦌 **상감(象嵌) 기법**_ 고려청자의 상감 기법을 계승한 것으로, 색깔만 다를 뿐 상감청자 만드는 것과 같은 방법으로 만들어졌다. 분청사기상감연화문병, 삼성미술관 리움 소장.

🌸 **인화(印花) 기법**_ 꽃 모양의 도장을 찍는다고 하여 인화 기법이라 했다. 그러나 꽃 모양만 찍은 것은 아니고 다양한 문양을 도장으로 새겨서 눌러 찍은 후 오목하게 들어간 부분을 백색 흙으로 채워 넣어 문양을 나타냈다. 상감 기법의 변형으로 인화문의 소재로는 국화가 가장 널리 쓰였다. 분청사기인화문장군(보물 1423호), 조선 15세기, 삼성미술관 리움 소장.

🌸 **철화(鐵花) 기법**_ 백토로 분장을 한 그릇에 철분이 많이 포함된 물감을 사용하여 붓으로 무늬를 그리는 기법이다. 무늬는 도식적인 것, 추상적인 것, 회화적인 것, 익살스러운 것 등 다양하여 서민들의 생활 감정이 잘 나타나 있다. 충청남도 계룡산 기슭에 있던 도요지에서 주로 제작되었기에 일명 '계룡산 분청사기'라고 한다. 분청사기철화모란문장군(보물 1387호), 조선 15~16세기, 삼성미술관 리움 소장.

조화(彫花) 기법_ 백토로 분장한 그릇에 원하는 무늬를 선으로 새겨 넣는 기법으로 '음각(陰刻) 기법'이라고도 한다. 박지 기법과 함께 사용하는 경우가 많았다. 분청사기조화어문편병, 삼성미술관 리움 소장.

박지(剝地) 기법_ 백토로 분장한 그릇에 원하는 문양을 그린 후, 문양 외의 백토를 제거하는 기법으로 '剝'이 '벗길 박'자이다. 무늬의 소재는 대부분 당초(唐草), 초화(草花), 물고기 등이 쓰였다. 분청사기조화박지모란문장군(보물 1070호), 조선 15세기, 삼성미술관 리움 소장.

🐚 **담금(덤벙) 기법_** 물레로 빚은 그릇을 백토 물에 덤벙 담가 백토 분장을 하는 기법이다. 분청사기덤벙분장대접.

🐚 **귀얄 기법_** 귀얄은 우리가 페인트칠을 할 때 쓰는 거친 붓으로 이 도구에 백토를 묻혀 그릇 표면을 바른 기법이다. 빠른 속도로 칠하기 때문에 운동감이 있고, 붓의 움직임에 따라 다양한 문양의 효과가 나타난다. 분청사기귀얄문태호, 삼성미술관 리움 소장.

장콩선생 어떠냐, 분청사기의 제작 기법이 이리 다양한 줄 몰랐지? 정리하자면 분청사기는 상감, 인화, 조화, 박지, 철화, 귀얄, 분장의 일곱 가지 기법으로 나뉘진단다. 분청사기는 이처럼 여러 기법으로 전국 각지에 흩어진 가마에서 제작되었는데, 특히 경상도 지역에서는 인화 분청사기가, 전라도에서는 박지·조화 분청사기, 충청도에서는 철화 분청사기가 유행했단다.

참 치 분청사기는 세종 때에 발전을 했다면서요?

장콩선생 잘 알고 있구나. 세종 재위기인 15세기 전반기에 비약적인 발전을 보였고, 특히 15세기 후반은 분청사기의 전성기라고 할 수 있단다. 인화 분청사기는 더욱 밀도가 높아져서 그릇 전체가 백토로 뒤덮이는 세련된 양식을 보였으며, 박지·조화 분청사기도 활발하게 만들어졌지. 분청사기는 도자기의 역사에서 비록 짧은 기간 동안에 만들어졌지만, 어느 도자기보다 한국적인 아름다움을 뽐내고 있단다.

늘보거북 와! 앞으로 분청사기를 대하면 제작 기법도 꼼꼼하게 살펴볼래요. 또 다른 감상의 재미가 있겠는데요.

참   치   근데요 아빠! 유약을 발라 높은 온도에서 구워낸 그릇은 '자기'라고 하잖아요. 왜 분청사기는 '자기'라 하지 않고 '사기'라고 해요?

장콩선생   '사기(沙器)'나 '자기(磁器)'는 같은 말이란다. 자기를 만드는 흙인 자토(磁土)는 사토(沙土), 즉 돌가루여서 '사토'나 '자토'가 같은 표현이기에, 자기나 사기를 구태여 구별할 필요는 없단다.

참   치   그런데 왜 분청사기만 '사기'를 썼냐고요.

장콩선생   물론 당시 사람들이 자신들이 사용했던 그릇을 분청사기라고 했던 것은 아니란다. 분청사기라는 이름은 1940년대에 들어와서 붙여졌지. 우리 미의 아름다움을 찾아 한평생을 보낸 미술 사학자 고유섭(1905~1944) 선생이 1930년대에 일본인들이 '미시마(三島)'라고 부르던 그릇들에 '그릇 표면을 백토(白土)로 화장한 다음에 유약을 발라 구운 청자'라는 의미에서 '분장회청사기(粉粧灰靑沙器)'라 붙였고 이를 줄여 '분청사기'라고 쓰고 있단다.

참   치   일본 사람들은 분청사기를 왜 '미시마'라고 했나요?

• **고유섭**_ 미술 사학자. 호는 우현(又玄). 1933년 개성박물관장을 지낸 뒤 연희전문·이화여전 교수를 역임하면서 국내의 명승·고적 사찰을 답사·연구하였다. 『조선탑파의 연구』, 『고려청자』 등의 저서가 있다.

분청사기조화어문편병 75

장콩선생 여러 설이 있지만, 가장 신빙성 있는 설은 일본 사람들이 우리나라의 거제도와 그 주위의 섬들을 '미시마(三島)'라고 했는데, 분청사기가 일본에 알려질 때 거제도 쪽을 통해서 건너갔기에 그런 이름이 붙여졌단다. 도자기의 특징을 가지고 만들어진 이름이 아니기에 분청사기를 적절히 나타낸 이름이라고는 할 수 없지.

늘보거북 그래도 저는 분청사기보다 청자가 좋은데, 아빠는 어떠세요.

장콩선생 고려청자의 화려함도 좋지만, 아빠는 분청사기의 소박하고 서민적인 미감(美感)을 더 사랑한단다.

참 치 분청사기에 대해서는 어느 정도 이해했으니, 잘 만들어진 분청사기를 한 점 보여주세요.

장콩선생 그러자구나. 오늘 감상할 작품은 바로 이것이란다.
정식 명칭은 '분청사기조화어문편병(粉靑沙器彫花魚文扁瓶)'으로 현재 국보 제178호로 지정되어 있지.
중심 소재가 되는 '물고기문양'이 선각(線刻)되어 있기에 '조화어문'이고 몸체의 양쪽이 편평하게 눌러져 있기에 '납작할 편(扁)' 자를 써서 '편병'이라고 했단다.

분청사기조화어문편병(국보 178호)_ 조선 15세기, 높이 22.6cm, 입지름 4.5cm, 밑지름 8.7cm, 개인 소장. 배 부분이 앞뒤 양면으로 납작하고 물고기무늬가 힘차면서도 여유롭다. 조선 도공의 여유와 자신감이 잘 드러난 작품이다.

◆이철수_ 우리 시대를 대표하는 목판화가. 간결한 글과 치졸한 듯하면서도 세련된 그림이 한 화면에서 조화롭게 공존하는 새로운 형식을 통해 전통적 회화를 현대적 판화로 되살렸다는 평가를 받고 있다.

참 치 조화 기법을 사용한 분청사기라는 것을 금방 알겠네요. 화장하듯 분칠한 백색 흙이 군데군데 갈라져서 거칠게 느껴지고, 물고기 그림은 아빠가 좋아하는 판화가인 이철수(1954~) 님의 판화를 보는 느낌이 들어요.

아빠 말씀처럼 병 모양이 조금 독특해요. 그릇을 만든 후에 양손으로 눌러 놓은 것 같아요.

늘보거북 참, 이상하네요. 둥근 병으로 사용해도 될 텐데, 뭐하러 에너지 소비해가면서 양쪽을 편평하게 다시 눌렀대요. 누르다가 실패하기도 했을 것 같은데.

장콩선생 그러게 말이다. 물레에서 빚은 둥근 병을 그대로 사용해도 되었을 텐데, 둥근 몸통을 손바닥에 힘주어가며 눌러서 편병으로 만들어 사용했다니 이상하구나.

그런데 모든 사건에는 원인과 과정과 결과가 있지? 편병이 나타난 이유도 분명 있단다.

도자기 전문가들은 편병이 등장한 시기를 고려가 몽고의 간섭을 받기 시작한 이후로 보고 있단다. 너도 알다시피 몽고 사람들은 말을 주로 타고 다녔는데, 말을 탈 때 가지고 다니는 물병이나 술병이 우리나라 청자 병처럼 위가 가늘고 몸통이 둥근 형태로 생겼다면, 얼마나 불편했겠니. 아마, 말이 달릴 때마다 말 옆구리에서 요동을 쳐서 말 탄 사람의 신경을 자극했을 거다. 아무래도 말 옆구리에 달고 다니기에는 병이 둥글기보다는 편병처럼 몸통이 편평하게 만들어져야 편하지 않았겠니?

아마 황비홍 머리 모양을 한 몽고 사람들이 말을 타고 눈썹이 휘날리도록 달리면서 말 옆구리에 달린 물병을 쳐들어 목을 축이는 것을 본 사람들이 말을 탈 때 가지고 다니기 쉽도록 몽고의 물병을 모방하여 편병을 만들어 사용하기 시작했을 것이다. 당시 사람들은 편병을 말 타고 산이나 들로 소풍을 갈 때 술을 담아가던 용도로 사용했단다.

그런데 특이한 것은 편병에는 어린아이가 그린 것 같은 물고기들이 몸통에 주로 그려졌다는 점이란다. 우리가 감상하는 편병의 경우도 몸통에 물고기 두 마리가 그려져 있지. 옆의 분청사기에도 물고기가 보이는구나.

분청사기조화어문병_ 조선시대, 높이 32cm, 입지름 6.7cm, 밑지름 7.8cm, 국립진주박물관 소장. 물고기무늬(어문)가 대담한 생략과 함께 해학적으로 그려졌다. 박지와 조화 기법을 혼용하여 만든 분청사기이다.

참 치 그러게요. 물고기가 그려진 고려청자는 보지 못했는데, 분청사기에는 물고기를 새긴 것이 많네요. 특별히 물고기를 그린 이유가 있나요?

장콩선생 분청사기에 물고기가 많이 등장하는 것은 아이를 많이 낳아 달라는 '다산의 상징'으로 추정할 수 있단다. 물고기는 알을 많이 낳기 때문에 예로부터 자손 번창의 상징으로 이용되었지. 따라서 분청사기조화어문편병을 사용한 사람은 술을 먹으면서도 자손이 번창하기를 기원하는 의미에서 편병 양쪽을 물고기 장식으로 했나 보구나.

늘보거북 아빠! 이 정도의 그림이라면 저도 그리겠는데, 그림을 그린 사람이 저처럼 어린아이였어요?

장콩선생 미래의 화가 늘보의 그림 보는 눈이 예사롭지 않구나.
그러나 이 도자기의 그림은 어린아이가 그린 것이 아니란다. 분청사기에 그림을 그린 사람은 전문적으로 그릇을 만드는 기술자였기에 그림에도 어느 정도 소질이 있었을 거다. 그렇지만 도공은 재미삼아 장난하듯이 나뭇가지를 하나 들고 손 가는 대로 쭉쭉 그어 물고기 형태만 겨우 나타낸 그림을 도자기 표면에 새겼단다. 대량으로 생산해야 겨우 입에 풀칠할 정도였던 당시의 도공에게 심혈을 기울여 그림을 그릴 여유가 없었던 거지.
그런데 아이러니하게도 그렇게 새긴 그림들이 현대적 조형감을 가지고 있어 우리 눈을 즐겁게 하고 있단다. 어찌 보면 분청사기에서만 맛볼 수 있는 순박한 아름다움이지.

그래서 20세기 최고 도예가로 추앙받고 있는 영국인 버나드 리치(1887~1979)가 세계적으로 유명한 도자학교인 알프레드 도자학교에서 기념강연을 하면서 "현대 도예의 나아갈 길은 500년 전 조선 도공의 길을 배우고 찾아가는 것"이라고 말했단다.

 **미션 명** 분청사기의 제작 기법을 파악하라

다음의 분청사기들은 다양한 방법으로 만들어졌습니다. 각 도자기에 맞는 제작 기법을 보기에서 고르시오.

| 보기 | 인화 기법 | 박지 기법 | 조화 기법 | 귀얄 기법 |

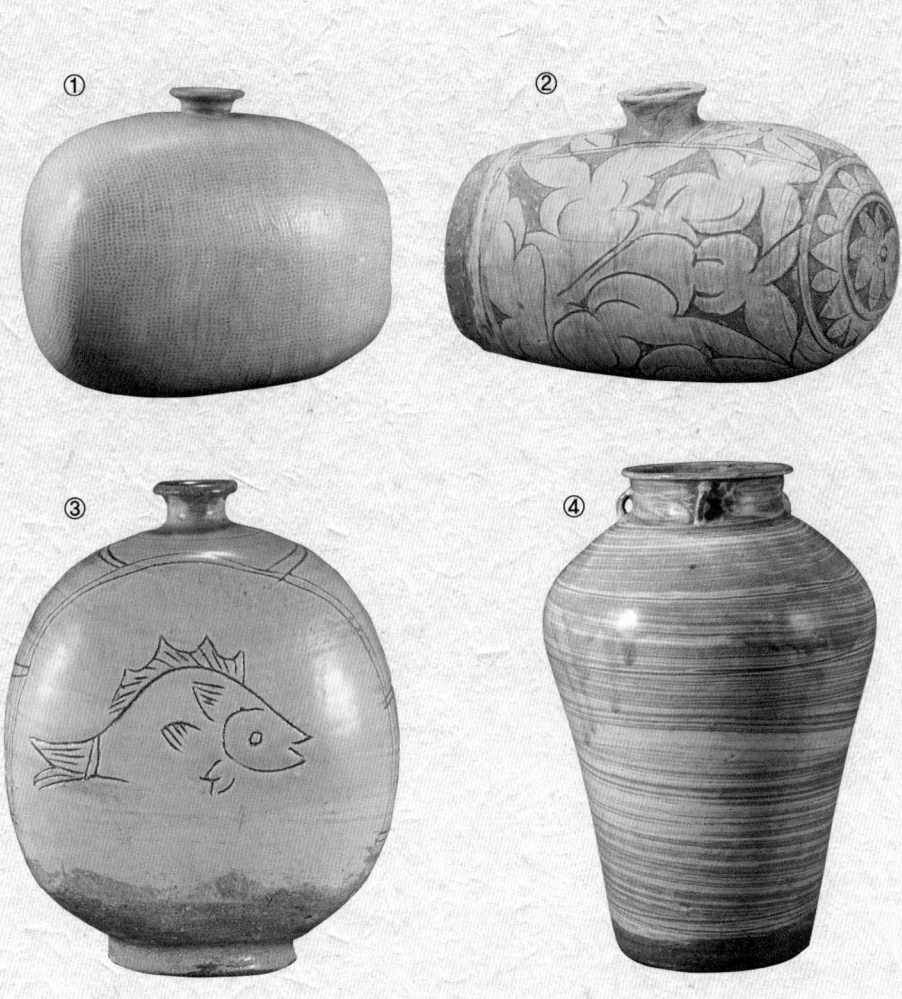

▶▶▶ 정답은 202쪽에 있음.

추상적 창조미가 살아 있는
분청사기철화당초문장군

장콩선생 청자가 '완성의 미' 라면 분청은 '미완의 멋' 이라고 도예가 <u>신한균</u>(1960~) 선생은 이야기했단다. 또한 그는 청자가 비단옷이라면, 분청은 수수한 삼베 모시옷이라고 하면서 분청을 통해 우리는 획일화를 거부하고 추상적 창조성을 추구하는 우리 민족의 자유로운 기질과 예술 감각을 느낄 수 있다고 했단다. 어때! 신한균 선생의 이야기에 공감할 수 있니?

◆**신한균**_ 경남 산청 출생. 일본인들에게 '이도다완(井戶茶碗)'으로 알려진 우리 전통의 조선 사발을 과학적·예술적으로 재현하기 위해 노력하고 있는 도예가. 저서로 「사기장 신한균의 우리 사발 이야기」가 있다.

참　치 예, 분청사기에 대해 어느 정도 알고 보니, 선생님의 말씀이 가슴에 와 닿네요. 처음 봤을 때는 너무 소박하고 촌스럽기까지 했는데 이제는 푸근한 온기마저 느껴져요. 아는 것만큼 보인다는 말을 실감할 수 있고요.

84 박물관 속에 숨어 있는 우리 문화 이야기

늘보거북 아빠, 저도요. 고려청자처럼 화려한 것만 아름답다고 생각했는데 분청사기처럼 꾸미지 않은 멋도 '아름다움'이라는 것을 알게 되었어요.

장콩선생 좋은 생각들을 했구나. 그럼 신한균 선생의 말에 안성맞춤인 분청사기를 한 점 더 만나보는 것도 신나겠지?

늘보거북 얼른 보여주세요.

장콩선생 분청사기철화당초문장군(粉靑沙器鐵畵唐草文장군)이란다. 분청사기에 철가루(주로 무쇠 솥의 녹을 긁어서 사용)가 들어간 물감으로 그림을 그려서 '철화', 그려 넣은 그림이 덩굴무늬여서 '당초문'이고, 그릇의 모양이 '장군'이라 해서 '분청사기철화당초문장군'이라고 이름을 붙였단다.

이 장군은 그릇을 빚은 후에 귀얄을 이용하여 백토를 두껍게 바른 후, 그 위에 철사로 덩굴무늬를 그려 넣었는데, 자유분방한 귀얄 자국과 한순간의 멈춤도 없이 단번에 그린 덩굴의 대담한 생략 효과가 분청사기 특유의 모습을 잘 표현한 도자기란다.

자, 작품을 한번 살펴보렴.

✦**당초문**_ '중국에서 전래된 덩굴무늬'란 뜻으로 고대 이집트의 풀 그림 문양이 실크로드를 통해 중국으로 들어와서 다양하게 발전하여 우리나라·일본 등지에서도 많이 그려졌다.

🌱 **분청사기철화당초문장군(보물 1062호)** _ 조선시대, 높이 18.7cm, 입지름 5.6cm, 길이 29.5cm, 호림박물관 소장. 자유분방하며 대담한 생략 효과와 솔을 이용해 솔자국무늬가 남 도록 백토를 바르는 귀얄 기법이, 분청사기 특유의 모습을 잘 나타내고 있다.

장콩선생 작품을 본 소감이 어떠니?

참　치 거칠다고 느꼈는데, 계속 보고 있으니 부드럽다는 생각이 들어요. 매우 자유분방해 보이고요.

늘보거북 ㅋㅋ 전요, 시멘트 담장에 미색 페인트를 칠해 놓고 큰 붓으로 갈색 물감을 듬뿍 묻혀 장난하듯 그림을 그려 놓은 것 같아요.

장콩선생 다들 예리하구나. 그럼 여기서 문제를 낼 테니 맞혀보렴. '장군'이란 도자기는 어디에 쓰이는 걸까요?

늘보거북 아빠, 저요! 장군들만 사용하는 도자기 같아요.

장콩선생 땡! 틀렸습니다. 참치에게 맞힐 기회를 주겠다.

참　치 모르겠어요. '장군'이라는 도자기 형태는 고려청자에서는 못 본 것 같은데, 이것도 '편병'처럼 분청사기에서 처음 등장하는 그릇인가요?

장콩선생 둘 다 아쉽구나. 조금만 생각하면 맞힐 수 있었을 텐데.

'장군'이라고 하니까, 많은 사람이 늘 보거북이처럼 군대를 지휘하는 장군들만 쓰던 그릇으로 오해한단다. 그러나 우리가 감상하고 있는 자기와 같이 몸통이 옆으로 실쭉하고 아래에 굽이 있으며, 위에 입이 있는 그릇을 일반적으로 '장군'이라고 한단다.

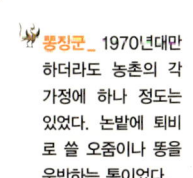

똥장군_ 1970년대만 하더라도 농촌의 각 가정에 하나 정도는 있었다. 논밭에 퇴비로 쓸 오줌이나 똥을 운반하는 통이었다.

앞에서 분청사기 제작 기법을 배울 때 인화·철화·박지 기법에서 예시된 도자기들 기억나지? 모두 다 이름에 장군이 들어갔단다. 도자기 형태를 말해주는 거지.

장군 형태의 그릇은 물이나 술, 간장, 심지어는 논밭에 비료로 줄 오줌과 똥을 담는 통으로도 사용했단다.

이러한 장군은 흙으로 만든 것이 삼국시대 무덤에서 간혹 출토된단다. 따라서 참치의 질문처럼 장군이 분청사기를 만들 시기에 처음 등장한 것은 아니란다.

참 치 그럼, 우리가 감상하고 있는 분청사기철화당초문장군은 어떤 용도로 쓰였을까요?

분청사기철화당초문장군 89

◆**최순우**_ 미술 사학자 겸 평론가. 개성 출신. 젊은 시절 박물관 근무를 시작한 후 국립중앙박물관장을 마지막으로 타계할 때까지 한평생을 박물관인으로 살았다. 그가 생전에 쓴 여러 글 중 일반인들이 쉽게 접근할 수 있는 글만을 선별하여 엮어 놓은 책이 스테디셀러인 「무량수전 배흘림기둥에 기대서서」이다.

장콩선생 규모가 작은 걸로 보아 똥장군은 아니었겠지. 늘보거북이는 무엇을 담았을 것 같니?

늘보거북 어른들이 술을 담는 그릇으로 사용했을 것 같아요.

장콩선생 그래 맞다. 술을 담는 용기로 사용했단다.

우리 문화의 속살을 군더더기 없는 간결한 필체(筆體)로 멋스럽게 표현한 혜곡 최순우(1916~1984) 선생은 이 자기를 보고 이렇게 말했단다.

이 술장군은 그러한 종류의 술장군 중에서도 두드러지게 멋진 작품의 하나여서 공예품에 반영된 욕심 없는 소탈한 민중의 마음이란 이렇게 아름다운 것이로구나 싶을 때가 있다. 기름한 몸체에 타원형의 굽다리가 수수하게 붙어 있고 분장한 귀얄 자국의 흰 살갗 위에 잎인지 꽃인지 분간할 수 없는 검은 풀무늬가 꿈틀거리듯 휘쳐져 있는 것도 희한하게 느껴지고, 그 전체의 생김새와 그림 솜씨가 너무나 잘 맞아떨어져 있다.

우리, 분청 장군을 다시 한번 보면서 혜곡 선생의 말을 음미해보자. 덩굴 부분을 좀더 확대해보자구나.

분청사기철화당초문 장군 부분 그림_ 자칫하면 심심해 보일 수 있는 자기에 덩굴무늬를 그려 넣어 작품을 살리고 있다.

늘보거북 처음 보았을 때는 시멘트 담장 위의 낙서그림을 보는 느낌이었는데, 혜곡 선생님의 말을 듣고 보니 다르게 보여요. 이 도자기는 덩굴그림이 핵심인 것 같아요.

장콩선생 아빠도 그렇게 생각한단다. 덩굴그림이 없으면 허전할 것 같고, 몸통 아래 부분까지 덩굴이 그려졌다면, 너무 조잡했을 것 같구나. 그야말로 적절한 위치를 택해 딱 그 부분까지만, 그림을 그려 넣어 작품의 품위를 살려 놓았구나.

참　치　볼수록 놀랍네요. 어린아이가 그린 것처럼 못 그린 그림이라고 생각했는데, 막상 확대해서 살펴보니 그림을 매우 잘 그리는 사람이 그린 것 같아요.

장콩선생　왜 그렇게 생각하니?

참　치　미술 시간에 수묵화를 그리는데, 물감을 듬뿍 묻혀 그림을 그리기가 쉽지 않더라고요. 먹이 주변에 떨어지고, 잠시만 멈춰도 범벅이 되어버리고. 또 수묵화 그릴 때 쓰는 붓은 붓 끝이 힘이 없어서 수채화 붓처럼 자유롭게 사용하기가 힘들더라고요. 그런데 이 도자기에 그림을 그린 사람은 자유자재로 붓을 써서 자기 의도에 맞는 그림을 그려냈잖아요. '무기교 속의 기교라는 게 이런 거구나.' 하는 생각이 들어요.

장콩선생　그래, 참치가 실제 경험을 해봐서, 숙달된 사람이 그린 것임을 금방 아는구나. 예술작품을 이해하는 데 있어서 이처럼 경험은 큰 도움이 된단다.

참   치 그런데 이 자기는 언제 만들어졌나요?

장콩선생 철화분청은 충청남도 공주군 반포면 학봉리 계룡산 기슭에서 주로 만들어졌는데, 15세기 후반부터 16세기에 걸쳐서 많이 제작되었단다. 우리가 오늘 감상한 '분청사기철화당초문장군'은 16세기 전반에 학봉리 가마에서 만들어졌다고 추정하고 있으며, 보물 1062호로 지정되어 있단다. 현재 있는 곳은 서울특별시 관악구에 있는 호림박물관이란다.

 **미션 명** ✧ 장군의 쓰임새를 추적하라

몸통이 옆으로 길쭉하고 위에 입이 있는 그릇을 장군이라고 부르지요. 다음 장군들의 주 용도는 무엇일까요? 역사탐정이 되어 그 쓰임을 추적해봅시다.

▶▶▶ 정답은 202쪽에 있음.

부잣집 맏며느리의 후덕함을 지닌
달항아리 백자대호

장콩선생 퀴즈를 내겠다.

조선시대하면 사람들은 어떤 도자기를 연상(聯想)할까?

1번 청자 2번 분청사기 3번 백자

참　치 3번 백자요.

장콩선생 그래, 맞다. 대부분의 사람들은 참치처럼 백자를 떠올린단다.

그럼 지금부터는 조선을 대표하는 도자기인 백자에 대해 알아볼까.

늘보거북 아빠 다른 시대에는 백자가 만들어지지 않았나요?

장콩선생 그렇지는 않단다. 고려시대에도 백자는 제작되었단다. 고려시대가 청자의 전성기였지만 초기 가마터인 경기도 용인을 비롯하여 전라도의 부안, 강진 등에서 백자는 꾸준히 만들어졌단다. 아무 무늬가 없는 소문(素文)백자와 갖가지 형상을 본떠 만든 상형백자 등이 만들어졌고, 상감청자의 전성기에는 상감백자도 만들어졌단다.

고려 말에 제작된 고려 백자의 마지막 유품으로 이성계가 부처님 앞에 바친 금강산 월출봉 출토의 백자 일괄품이 있는데, 제작 연대와 제작자가 그릇 표면에 새겨져 있어 귀중한 자료로 평가되고 있단다.

이성계가 부처님 앞에 바친 백자 사리구_ 고려 1391년. 이성계가 불전에 발원한 사리구로, 금강산 월출봉에서 출토되었다. 고려 백자의 마지막 유품으로 알려짐.

이러한 백자 제작의 수법이 조선시대로 이어져 자기의 주류를 이루었던 것이지.

참 치 아, 그렇군요. 근데요, 조선시대에는 분청사기도 많이 만들어졌는데, 왜 사람들은 조선하면 '백자!'를 떠올릴까요? 조선에서 백자가 유행하게 된 특별한 이유가 있나요?

장콩선생 물론 있지. 너도 알다시피 조선사회를 이끌어갔던 지배층은 양반이었는데, 이들의 취향이 백자 사용에 결정적인 영향을 미쳤단다. 조선시대 양반들은 성리학을 현재 너희들이 영어, 수학을 공부하는 것처럼 죽어라 공부했고, 성리학에서는 검소하고 질박한 삶을 최선의 삶으로 여겼단다. 이러한 양반의 세계관과 맞아떨어졌던 것이 청순함과 고결함을 지닌 백자였지.

이러한 사실은 조선 후기의 실학자인 이규경(1788~?)이 "우리나라는 백자를 선호했는데, 임금님이 있는 궁궐 안에서도 백자를 사용했다. 그 이유는 무엇인가? 청결하고 결백함을 사랑했기 때문이다."라고 말했던 데서 잘 알 수 있단다.

◆**이규경** _ 조선 후기의 실학자. 저서로 백과사전의 성격을 띤 『오주연문장전산고』가 있다.

참 치 아빠, 백자의 종류엔 어떤 것이 있어요?

제가 미술 시간에 배운 바에 의하면, 백자는 순백자·청화백자·철화백자·진사백자로 나뉜다고 하던데, 그 차이점에 대하여 설명해주세요.

장콩선생 좋은 질문이구나. '순백자'는 말 그대로 다른 색으로 그린 무늬가 없는 백자를 말한단다. 전혀 무늬가 없는 것도 있지만, 음각이나 양각으로 무늬를 나타낸 것도 있고, 투각한 것도 있지만, 무늬 자체가 두드러지지 않기에 순수한 느낌을 준단다. 아래 도자기가 그 예라고 할 수 있지.

백자병_ 조선시대, 높이 33.8cm, 입지름 7.7cm, 밑지름 11.2cm, 국립진주박물관 소장.

'청화백자'는 청색 물감으로 용이나 모란, 대나무와 같은 그림을 그리고 그 위에 유약을 씌워서 맑고 고운 푸른색의 무늬가 나타나도록 한 백자란다.
아래의 도자기가 청화백자란다.
청색 물감은 코발트(Cobalt)라고 하는 물감으로 우리나라에서는 생산되지 않았단다. 그래서 초기에는 중국이 아라비아에서 수입한 것을 우리나라에서 다시 비싼 값에 수입하여 사용했는데, 이 코발트를 회교도권(이슬람 문화권)에서 가지고 온 것이라고 해서 '회청(回靑)'이라고 했단다. 그런데 이 회청이 워낙 비싸고 수입도 원활하게 되지 않아서, 15세기 후반 이후로는 국산화를 시도하는데, 국내산 코발트를 '토청(土靑)'이라 했단다. 그러나 토청의 경우 질이 떨어져서 질 좋은 청화백자를 만들 수 없었단다.

15~16세기 청화백자는 처음엔 중국 명나라의 영향을 받아 장식적인 무늬를 지녔으나, 점점 한국적인 정취를 보여주는 회화적인 무늬로 발전하였단다.

백자청화모란절지문호_ 조선시대, 높이 34.6cm, 입지름 16.1cm, 밑지름 13.9cm, 국립진주박물관 소장.

백자철화매죽문대호(국보 166호) _ 조선시대, 높이 40cm, 몸통지름 37.9cm, 국립중앙박물관 소장. 몸체에 대나무와 매화그림이 철채로 가득 그려졌으며, 원숙한 그림 솜씨는 도공이 그린 것이 아님을 짐작하게 한다.

'철화백자'는 산화철(酸化鐵, 녹슨 철로 주로 무쇠 솥의 녹을 긁어 사용)이 섞인 물감으로 그림을 그린 후, 그 위에 유약을 입혀 구워낸 자기로 백색 바탕에 흑갈색(검은 빛을 띤 짙은 갈색)의 무늬가 나타났단다.

철화백자는 15세기 후반부터 만들어졌으나, 임진왜란 전까지는 아주 소량이 만들어졌고 임진왜란 이후인 17세기부터 많이 만들어졌단다. 그 이유는 임진왜란으로 정국이 불안한 상태에서 청화백자의 안료인 코발트는 구하기 힘들었던 데 반하여, 철화백자의 안료인 산화철은 주변에서 쉽게 구할 수 있었기 때문이란다. 위의 백자는 16세기를 대표하는 철화백자란다.

백자동화연화문호_ 조선시대, 높이 29.7cm, 입지름 13.3cm, 몸통지름 24.5cm, 국립중앙박물관 소장.

네가 '진사백자'라고 한 것은 '동화백자'라고 해야 타당하단다. 지난번에 '청자진사연화문표형주자'를 감상할 때 진사에 대해 언급했었던 거 기억나니? '진사(辰砂)'라는 명칭은 20세기 초반에 일본인 학자나 수집가들이 쓰기 시작하여 현재까지 통용되는 말로 이 백자의 특징을 적절히 나타내주지 못한단다. 동(銅)으로 장식한 청자나 백자를 '진사청자(辰砂靑磁)'·'진사백자(辰砂白磁)'라고 부르는데, 실제 진사는 400℃ 이상에서 색이 검게 변화되는 적색유화수은(赤色硫化水銀, HgS)으로, 동안료(銅顔料)의 붉은색이 진사라는 자연 상태 광물의 색과 유사하기 때문에 붙여진 이름이란다.

따라서 '청화백자'나 '철화백자'에서와 같이 안료의 명칭과 장식 기법에 따라 '동화백자'라고 부르는 것이 타당하단다. 즉, 진홍색이 나타나는 이 백자는 산화동이 섞인 물감으로 그림을 그린 후에 유약을 덧씌워 구워낸 자기이기에 산화철로 그린 백자를 철화백자라고 하듯이 동화백자로 부르는 게 좀더 명확하다는 거지. 옆면의 도자기 이름이 '백자동화연화문호'인 것도 이런 이유란다. 동화백자는 17세기 말부터 제작되기 시작하여 18세기에는 특색 있는 동화백자들이 다수 만들어졌단다.

참　치 조선시대 때 백자는 국가에서 직접 생산했다고 하던데, 정말인가요?

장콩선생 조선 초기에는 그렇지 않았단다. 왕실이나 관청에서 필요한 자기를 전국 각지에서 공납의 형태로 받아 사용하였단다. 또 자기도 백자보다는 분청사기가 많았단다.

그러나 국가의 체제가 정비되고 백자의 수요가 급격히 늘어나면서 15세기 후반, 세종의 명에 의하여 경기도 광주에 왕실용 백자를 전담하여 생산하는 도요지를 만들어 국가가 직접 생산을 주관하게 되었단다. 그리고 이 운영 방식은 조선이 근대화기로 넘어가던 19세기 후반까지 변하지 않고 그대로 유지되었단다. 경기도 광주에서 백자 생산을 주관했던 관청은 사옹원(司饔院)이었는데, 사옹원의 본래 임무가 왕의 식사와 잔치를 주관하는 것이었기에 그에 필요한 그릇을 조달하기 위해 광주에 분원(分院)을 두어 백자 생산을 전담했단다.

분원이 광주에 설치된 이유는 백자를 만들 좋은 흙이 있었고,

◆**공납**_ 국가가 필요로 하는 물품을 지방 관청을 통하여 세금으로 받아들이는 제도.

◆**사옹원**_ 조선시대 궁중의 음식을 맡아본 관청. 경기도 광주에 자기요(瓷器窯)를 설치하고 좋은 자기를 구워 궁궐에 공급하였다.

위치적으로 한강의 물줄기를 끼고 있어서 생산한 그릇을 서울로 쉽게 운송할 수 있었기 때문이란다. 또한 이곳은 수목이 무성한 산들이 있어서 자기를 구울 때 쓸 나무를 쉽게 구할 수 있었단다. 어찌 보면 광주야말로 국가가 주도하여 자기를 구울 수 있는 최적의 장소였지.

자! 그럼, 지금까지 백자의 전반적인 이야기를 했으니, 이제부터는 조선 백자를 대표하는 작품 한 점을 놓고 좀더 속 깊은 이야기를 해볼까?

늘보거북 예, 그래요. 오늘 감상할 백자는 어느 것이죠?

장콩선생 많은 사람들이 '달항아리'라고 부르는 작품이지. 처음 대면할 때는 특별한 멋을 느끼지 못하나, 바라보고 있으면 있을수록 정이 들고 푸근해지는 그런 항아리란다.
이 백자의 공식 명칭이 '백자대호(白磁大壺)'란다. '壺(호)'가 '항아리'를 뜻하니, 우리말로 풀어쓰면 '백자 큰 항아리' 정도로 쓸 수 있겠지. 그러나 이 항아리는 공식 이름인 백자대호보다 달항아리로 널리 알려져 있단다.

함께 달항아리를 감상해볼까?

🦌 **달항아리(보물 1437호)**_ 조선시대, 국립중앙박물관 소장. 모양이 달덩이처럼 둥그렇고 원만하여 달항아리로 불린다. 이러한 항아리는 대략 17세기 후반부터 18세기 전반까지 만들어졌는데, 맑은 흰빛과 너그러운 둥근 맛으로 요약되는 조선 백자의 미를 대표하는 잘생긴 항아리로 꼽힌다.

늘보거북 그런데 왜 달항아리라고 해요?

장콩선생 이 작품을 보고 너는 어떤 느낌이 드니?

늘보거북 밤하늘에 뜬 보름달이 생각나요.

장콩선생 네가 봐도 그렇지. 도자기 전문가들도 마찬가지였단다. 아무런 장식이 없이 백자의 희고 깨끗한 색깔과 둥글둥글한 생김새 속에서 넉넉하고 아름다운 보름달을 떠올려서 '달항아리'라고 불렀단다.
미술 사학자 최순우 선생은 이러한 달항아리를 부잣집 맏며느리 같은 후덕함을 지닌 항아리라고 하면서 "너무나 순정적이어서 마치 인간이 지닌 가식 없는 어진 마음의 본바탕을 보는 듯한 느낌"이라고 찬사를 보냈단다.

참　　치 아빠! 도자기가 보름달처럼 완전하게 둥글지는 않은 것 같아요. 오른쪽보다 왼쪽이 조금 더 튀어나왔어요.

장콩선생 그래, 아주 잘 보았구나. 확대해서 한번 살펴볼까?
참치 말처럼 확실히 오른쪽보다 왼쪽 면이 더 튀어나왔구나. 그런데 신기한 것은 양쪽 면이 틀리게 만들어졌는데도, 도자

달항아리 부분 확대한 그림_ 오른쪽 면보다 왼쪽 면이 더 튀어나왔다. 이러한 이지러진 둥그스르함이 오히려 백자의 자연스런 아름다움을 만들어낸다.

기 전체가 자연스럽게 보이는구나. 그렇지 않니?

참　치 정말 그래요. 확대 사진을 보면 균형이 전혀 잡히지 않을 것 같은데, 항아리 전체를 놓고 보면, 매우 안정된 느낌이 들어요.

장콩선생 그게 바로 이 도자기의 매력이란다. 만약 이 항아리가 그야말로 완전한 원형이라고 생각해보아라. 너무 답답하지 않겠니? 완전한 원형이 아니라 약간 이지러진 둥그스르함을 지니고 있기에 오히려 자연스런 아름다움과 친근감을 느끼게 한단다.

그런데 이 도자기는 제작 기법상 완전한 원형이 될 수 없는 운명을 처음부터 타고났단다. 항아리의 정 가운데를 자세히 보렴. 이음 자국이 보일 거다. 이 항아리는 높이가 40cm가 넘는 대형이어서 도공이 물레에서 그릇을 빚을 때 한꺼번에 빚을 수가 없었단다.

이때 도공은 머리를 굴렸단다.

"아래와 윗부분을 따로 만들어 두 개를 접합하자."

어찌 보면 아주 창의적인 발상이었지.

도공은 물레를 돌려 윗부분이 될 사발을 만들고, 다시 아랫부분이 될 사발을 만들었단다. 그런데 접합하려고 보니 양쪽의 크기가 약간 달랐단다. 물레를 돌려 사람 손으로 위쪽과 아래쪽 사발을 만들다보니 양쪽이 딱 맞아떨어질 수는 없었던 거지. 이때 도공은 자신의 눈썰미와 손재주를 가지고 최대한 자연스런 원이 되도록 양쪽을 접합시켰지.

그러다보니 약간 이지러진 달항아리가 되었단다.

이 항아리가 언제 만들어졌는지 궁금하지 않니?

늘보거북 네. 궁금해요. 말해주세요.

장콩선생 18세기에 만들어진 작품이란다. 18세기는 영·정조시대로 문화의 꽃이 활짝 핀 시기란 건 알고 있지? 당시 항아리 도자기는 키가 큰 입호(立壺)와 둥그런 원호(圓壺)가 대세였단다. 입호의 경우 높이 40cm 이상의 대형 작품이 많았고, 둥그런

항아리, 즉 원호는 높이와 최대 지름이 1대 1을 이루는 달항아리가 주종을 이루었단다.

참   치 그러고 보니 달항아리의 위아래 높이랑 가로의 지름이 거의 같네요.

장콩선생 우리가 오늘 감상한 달항아리는 보물 제1437호로 국립중앙박물관에 소장되어 있단다. 조선시대 때는 이 항아리에 젓갈도 담고 간장이나 된장도 담은 생활도구로 사용했는데, 현재는 몇 점 남아 있지 않아, 아주 귀하게 모셔지고 있단다.

2005년 광복절에 국립고궁박물관을 개관하면서 이를 기념한 특별전으로 '달항아리' 전시회를 마련했는데, 이때 7점은 국내에 있는 항아리였고 2점은 해외에서 물을 건너온 것이었단

국립고궁박물관 개관 기념 '달항아리' 전시회에 출품된 조선 달항아리들

대영박물관 소장의 백자대호(달항아리)

다. 해외에서 온 달항아리 중 하나는 영국의 대영박물관 소장품이었으며, 다른 한 점은 일본 오사카시립동양도자미술관 소장품이었지.

대영박물관이 소장하고 있는 달항아리는 영국의 대표적 도예가인 버나드 리치가 일제시대인 1935년 우리나라에서 구입해가면서 "나는 행복을 안고 갑니다."라고 소감을 말했던 항아리로 현재는 대영박물관 한국실에 전시되어 있단다.

일본 오사카시립동양도자미술관에 있는 달항아리는 아주 기구한 사연을 지닌 도자기란다.

'달항아리' 전시회에 맞춰서 우리나라에 온 이토 이쿠타로 오사카시립동양도자미술관장이 전하는 바에 의하면, 이 도자기는 본래 나라현(奈良縣)에 있는 동대사(東大寺)라는 절에 소장되어 있었단다. 그런데 1995년 7월 4일 대낮에 도둑이 들어 이 항아리를 가지고 달아나다가 발각되자, 집어던지고 도망갔단다. 그 바람에 달항아리는 300여 조각으로 산산조각이 나버렸단다.

깨진 도자기 조각들을 동양도자 미술관이 기증을 받아 4년에 걸쳐 원형과 거의 비슷하게 기적적으로 복원해 이번 전시회에 내 놓았단다.

참　치 아빠! 미술 화보집에서 이 항아리를 소재로 해서 그린 그림을 본 적이 있는데, 혹시 아세요?

◆ 오사카시립동양도자 미술관 소장의 백자 대호(달항아리)

장콩선생 김환기(1913 ~ 1974) 화백의 작품 아니었니?

참　치 예, 맞아요.

장콩선생 김환기 화백은 우리 민족의 정서와 감흥을 현대적이고 보편적인 아름다움과 절묘하게 결합시켜 세계적 명성을 얻은 작가란다. '가장 민족적인 것이 세계적인 것'이라는 명제(命題)를 제대로 보여준 한국 현대 화단의 대표적인 화가라고 할 수 있지.

그의 그림에는 조선 백자가 주요 소재로 자주 등장하는데, 특

◆ 김환기_ 호는 수화(樹話). 화가. 한국 근·현대 미술사를 말할 때 빼놓을 수 없는 작가로 한국적 정서가 가득한 소재로 창작 활동을 전개하였다.

달항아리 백자대호　111

수화 김환기의 작품 '매화와 항아리'(1957)_ 산, 달, 매화, 사슴, 여인, 새, 항아리 등 수화가 즐겨 그린 소재들은 한국적이며, 동양적이다. 그중에서도 특히 애착을 가진 것은 조선 백자라고 한다.

히 달항아리는 "미에 대한 개안(開眼)은 우리 항아리에서 비롯됐다."고 고백할 정도로 그의 미술세계에 큰 영향을 끼쳤단다.

우리나라 현대 화가 중 몇몇은 '전통'을 현대적 감각에 맞게 재생산하여 훌륭한 작품을 만들고 있는데, 그 대표적인 화가가 김환기 화백이나 장욱진(1917~1990) 화백이란다.

김환기 화백의 그림과 푸른 색감들을 보고 있으면 '전통의 현대적 변용(變容)'이란 게 바로 이런 거구나 하는 생각을 절로 하게 된단다.

◆**장욱진_** 충남 연기 출생. 까치, 호랑이, 달, 아이들과 같은 우리에게 친근한 소재를 민화적 감각으로 심플하게 그려냈다.

나는야!
역사탐정

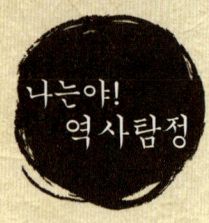

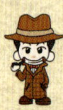

미션 명 ◇ 두 개를 연관지어 새로운 작품을 완성하라

다음은 김환기의 그림 '매화와 항아리' 와 도자기 '달항아리' 입니다.

두 작품을 연관지어 글을 한 편 써봅시다.

▶▶▶ 정답은 203쪽에 있음.

비단 처마폭에 그린 듯한 포도송이가 있는
백자철화포도문호

장콩선생 찬 서리 눈보라에 절개 외려 푸르르고

　　　　　바람이 절로 이는 소나무 굽은 가지

　　　　　이제 막 백학(白鶴) 한 쌍이 앉아 깃을 접는다

　　　　　드높은 부연 끝에 풍경(風磬) 소리 들리던 날

　　　　　몹사리 기다리던 그린 임이 오셨을 제

　　　　　꽃 아래 빚은 그 술을 여기 담아 오도다

　　　　　갸우숙 바위 틈에 불로초(不老草) 돋아나고

　　　　　채운(彩雲) 비껴 날고 시냇물도 흐르는데

　　　　　아직도 사슴 한 마리 숲을 뛰어드노다

◆**부연**_ 처마의 서까래 끝에 덧다는 짧고 네모진 서까래. 지붕의 처마를 위로 들리게 하는 멋을 줌.

◆**풍경**_ 절 등의 건물에서 처마 끝에 다는 작은 종. 바람 부는 대로 흔들려 소리가 남.

◆**채운**_ 여러 빛깔로 아롱진 고운 구름.

불 속에 구워내도 얼음같이 하얀 살결

티 하나 내려와도 그대로 흠이 지다

흙 속에 잃은 그 날은 이리 순박(純朴)하도다

이 시가 무엇을 노래한 시인지 알겠니?

참　치 아름다운 자연을 노래한 것인가요?

늘보거북 ㅋㅋ 저는 눈치챘어요. 도자기를 노래한 시 같아요. 아빠가 아무 퀴즈나 내주실 리 없어요.

장콩선생 빙고! 늘보가 아빠 맘을 꿰뚫는 도사가 다 되었구나. 이 시는 시조시인 김상옥(1920~2004) 선생의 「백자부(白磁賦)」란다. 백자의 단아하고 순박한 아름다움을 노래한 시조이지. 수학능력시험 예상문제로 많이 출제되고 있기에 고등학생들은 반드시 살펴보는 시란다.

오늘은 이 시의 이미지에 걸맞은 백자를 감상해보자구나. 국보 제107호로 이름은 '백자철화포도문호(白磁鐵畵葡萄文壺)'란다. 위의 시조를 음미하며 작품을 감상해보자.

◆**김상옥**_ 한국의 시인·시조시인. 호 초정(草汀). 민족 고유의 예술미와 전통적 정서를 형상화한 시조작품세계를 구축했으며, 현대시에서도 시조의 리듬과 감각을 유지하면서 산문식 장시와 극시 등의 실험적인 작품을 선보였다. 주요 저서로 「초적」, 「이단의 시」 등이 있고, 주요 작품으로 「봉선화」, 「백자부」, 「다보탑」 등이 있다.

백자철화포도문호(국보 107호) _ 조선 18세기, 높이 53.3cm, 입지름 19.4cm, 밑지름 18.6cm, 이화여자대학교박물관 소장. 몸체에 검은색 안료를 사용해 포도덩굴무늬를 그려 넣었는데, 그 사실성 및 농담과 강약의 적절한 구사에서 18세기 백자의 높은 회화성을 볼 수 있다.

장콩선생 시인의 마음이 느껴지니?

참　치 저는요, 흰색 비단 치마폭에 그린 동양화를 보는 것 같아요.

장콩선생 네 말을 듣고 보니, 아빠도 그런 느낌이 드는구나. 너풀너풀 너울거리는 비단 치마 쪽에 그려신 한 폭의 동양화가 연상되는구나.

이 도자기는 우리말로 풀어 쓰면 '백자철화포도무늬항아리'로 높이가 53.3cm의 대형 항아리란다. 이 항아리 역시 크기 때문에 도공이 한 번에 빚지 못하고 달항아리처럼 위, 아래를 따로 만들어 양쪽을 결합시켰단다. 그래서 중앙부위에 접합한 흔적이 보이지. 그러나 달항아리처럼 이지러지지 않고 좌우 균형이 잡힌 상태에서 알맞게 솟은 입, 풍요로운 몸체, 대담하게 좁아지면서도 상큼한 느낌을 주는 아랫도리의 맵시로 좀처럼 보기 힘든 명품 도자기임을 한눈에 알 수 있게 한단다.

또한 이 항아리의 매력을 논하면서 빼 놓을 수 없는 것은 도자기 몸체에 그려진 포도그림이란다. 항아리의 맨 위에서 몸체의 상반부까지만 포도넝쿨을 그려 넣고 하반부는 완전히 비워 놓

아 여백의 미를 시원하게 살리면서 포도 잎과 포도송이는 적절한 농담을 사용하여 능수능란한 필치로 그려 놓아 백자 고유의 순수미가 그대로 드러나고 있단다.

참　치 정말 그런 것 같아요. 이 작품을 보고 처음 받은 느낌이 쪽을 찐 머리에 흰색 옷으로 단장한 기품 있는 조선 여인이었어요. 그런데 몸체에 그려진 포도그림은 누가 그렸을까요?

장콩선생 학자들은 포도그림을 도공이 그린 것으로 보지 않는단다. 도공이 그린 그림치고는 너무 잘 그렸기 때문이지. 이 도자기가 만들어지던 18세기에 활약하던 당대의 뛰어난 전문화가가 심혈을 다해 그린 그림으로 생각한단다. 조선시대에는 왕실이나 중앙관청에서 필요한 그림을 전문적으로 그리는 화가가 있었는데, 이들이 도자기 굽는 곳에 가서 도자기에 그림을 그려 넣고, 도공들이 유약을 발라 적당한 온도로 구워 이와 같은 명품을 생산했다고 본단다.

참　치 이 항아리는 어디에서 무엇으로 쓰였을까요?

장콩선생 용도는 다양했겠지. 술 또는 간장처럼 가정에서 필요한 물품을 담기도 했을 것이며, 때에 따라 장식용으로도 사용했겠지. 그러나 포도문양이 있는 걸로 보아 남자들의 거처보다는 여자들의 생활공간에 놓여진 물건으로 판단된단다. 왜냐하면 포도알은 예로부터 풍요로움과 아이가 많이 생산되기를 바라는 '다산(多産)'을 상징했으며, 자식이 많이 생산되기를 기원하는 의미에서 포도그림을 수로 그렸기에, 아무래도 여성이 기거하는 곳에 더 적격이었겠지.

참   치 포도문양이 들어간 도자기는 이 작품 하나뿐인가요?

장콩선생 그렇지는 않단다. 상감 또는 양각의 기법으로 포도문양을 표현한 고려청자가 다수 있으며, 조선시대에도 포도문양을 그린 백자를 다수 만들었단다.

그런데 재미있는 것은 우리가 지금 감상하는 항아리와 형제라고 할 수 있는 항아리가 비슷한 시기에 만들어져서 오늘날 국보 제93호로 지정되어 있단다. 다만 농담이나 잔줄기의 표현이 지금 감상하고 있는 항아리보다 투박하여 작품성에서 조금 떨어진단다. 그러나 이 항아리도 나름대로의 멋을 가지고 있어서 우리에게 색다른 맛을 제공한단다.

다음에 나오는 작품이 바로 그 항아리란다.

백자철화포도문호(국보 93호)_ 조선 18세기, 높이 30.8cm, 입지름 15cm, 밑지름 16.4cm, 국립중앙박물관 소장. 조선 후기의 대표적인 철화백자. 직각으로 올라 선 아가리 둘레에 무늬를 두르고, 몸통에는 능숙한 솜씨로 포도덩굴을 그려 넣었다. 도자기 표면 아래쪽의 여백이 시원하다.

장콩선생 93호 '백자철화포도문호'를 본 소감이 어떠니?

107호 항아리와 이름이 비슷하지?

항아리를 좀더 자세히 보자구나. 이 항아리에서 특색 있는 것은 포도넝쿨을 타고 노는 원숭이란다. 동양화에서 포도나무에서 놀고 있는 원숭이 그림은 많은 자식이 높은 벼슬에 오르기를 바라는 마음을 상징적으로 나타낸 것이란다.

원숭이를 뜻하는 한자인 '猴(후)' 자가 '제후 후(侯)' 자와 중국어로 발음이 같아서 중국이나 우리나라에서 원숭이는 벼슬을 상징했고, 포도송이는 자식이 많기를 바라는 의미였으니 결국 '많은 자식이 높은 벼슬에 오르기를 바라는 마음'이 그림 속에 담겨 있는 것이지.

참 치 정말 형제간이라 해도 될 정도로 두 항아리가 형태나 그림에서 비슷하네요. 그런데 이 항아리는 국보 제107호 항아리보다 확실히 여백의 미가 부족하고 포도그림 또한 정교한 맛이 없네요. 자세히 보지 않으면 포도그림인지도 모르겠어요.

그런데 놀고 있는 원숭이는 어디에 있나요?

장콩선생 잎과 잎 사이의 가운데를 잘 살펴보렴. 줄기를 잡고 놀고 있는 원숭이가 보일 거다. 잘 안 보이면 확대해서 볼까?

백자철화포도문호 부분 확대 그림_ 포도 넝쿨 사이엔 넝쿨을 타고 노는 원숭이가 그려져 있다. 포도는 다산과 풍요를 상징하며 원숭이는 벼슬을 상징한다. 많은 자식이 높은 벼슬에 오르길 바라는 의미로 풀이된다.

늘보거북 정말이네요. 원숭이가 포도덩굴 위에서 그네를 타고 있네요.

장콩선생 원숭이가 넝쿨을 타고 있는 모습이 아주 사실적이며 생동감 있지. 국보 제93호 항아리가 가지고 있는 독특한 미의식이란다. 자, 포도문양 항아리에 대한 이야기도 여기에서 마무리하자.

참　치 아빠! 어째 허전하네요. 이 항아리에 대한 재미있는 이야기는 없나요. 그런 게 있으면 양념 삼아 이야기해주세요.

장콩선생 아! 참, 그리고 보니 오늘 감상한 국보 제107호 항아리에는 전설 같은 뒷이야기가 전해지고 있구나. 그럼 그 이야기를 맛보기로 들려주면서 감상 공부를 끝내자구나.

우리가 감상한 국보 제107호 항아리는 일제시대 때 시미즈고지(淸水幸次)라는 일본인이 소장하고 있었단다. 그런데 그는 1945년 일본이 전쟁에 패하자, 눈물을 머금고 항아리를 우리 땅에 놔두고 빈손으로 돌아갈 수밖에 없었단다. 그 후 이 백자는 여러 사람의 손을 돌고돌다가 최종적으로 이화여자대학교가 1965년에 일금 1천 5백만 환에 구입하여 현재 이화여대박물관에 소장되어 있단다.
이 항아리 구입에 들어간 돈은 당시 고미술품 한 점의 값으로는 유례가 없는 큰돈으로 구입 당시 이화여대 신입생 1학기 등록금이 1만 5천환 정도였으니 학생 1천 명의 등록금이 이 도자기 한 점을 구입하는 데 들어간 셈이지.

 **미션 명** ◇ 두 항아리의 매력을 분석하라

다음 항아리는 둘 다 국보로 지정된 '백자철화포도문호'입니다. 두 항아리의 같음과 다름을 비교하여 쓰시오.

국보 107호
백자철화포도문호

국보 93호
백자철화포도문호

▶▶▶ 정답은 203쪽에 있음.

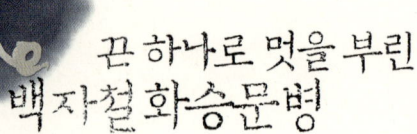
끈 하나로 멋을 부린
백자철화승문병

장콩선생 오늘이 도자기 감상 마지막 시간이구나. 그런 의미에서 아빠가 어느 자기보다도 사랑하는 백자를 보여주겠다. 이 우표를 본 적이 있니?

늘보거북 아뇨, 처음 보는데요. 도자기가 그려져 있네요.

장콩선생 우리나라에서 2003년에 발행한 500원짜리 우표란다. 우표 속의 도자기를 유심히 살펴보렴. 이 자기의 공식 이름은 '백자철화승문병'으로 오늘 우리가 감상해야 할 도자기란다. 자, 작품 속으로 들어가볼까?

백자철화승문병(보물 1060호)_ 조선시대, 높이 31.4cm, 입지름 7cm, 밑지름 10.6cm, 국립중앙박물관 소장. 조선시대 철화백자는 15세기 후반부터 만들어졌으나 15~16세기에는 그 예가 드물다. 이 병은 16세기 후반경의 것으로 귀할 뿐만 아니라, 마치 술병에 끈이 달려 있는 듯한 특이한 문양으로 넥타이 병이라고도 불린다. 조선 초기의 대표적인 철화백자이다.

참   치 이름에서도 알 수 있듯이 철화백자 같아요. 생김새가 소박하고 무늬가 단출하여 매우 단아하게 보이는데요.

장콩선생 그렇단다. '백자철화승문병(白磁鐵畵繩文甁)'에서 '繩(승)'자가 줄을 의미하니, '산화철로 그린 줄무늬가 있는 병'이라고 풀어 쓸 수 있겠지.

철화백자는 15세기 후반부터 만들어졌으나 15~16세기에는 소량만 제작되었단다. 이 자기는 16세기 후반경에 술병으로 쓰기 위해 만들어진 것으로 철화백자 초기의 대표작이라고 할 수 있단다.

분청사기를 공부하면서 잠깐 언급했지만, 아빠는 백자나 청자보다 분청사기를 더 좋아한단다. 그러나 이 백자만큼은 다른 어느 분청사기보다 더 사랑한단다.

늘보거북 자기의 어느 면이 아빠를 반하게 만들었나요?

장콩선생 우선 형태를 한번 살펴보렴. 말이 필요 없을 정도로 안정적이며, 끼끗하지 않니? 유백색으로 단장한 몸매는 또 얼마나 소담스럽니?

거기에 아주 간단하지만, 쉽게 그릴 수 없는 끈 하나를 자기 몸체에 세련되게 풀어 놓아 백자의 아취(雅趣: 아담한 정취)

를 한껏 더해주는구나. 넓은 여백을 남기면서도 거침없이 그어내린 힘찬 선은 가히 예술의 경지라고 할 수 있지.

아빠는 이 백자만 보면 마음이 고요해지며, 세상사 온갖 시름을 잊어버린단다.

참　치 정말이시, 줄 하나는 멋들어지게 그려 놓은 것 같아요.

장콩선생 줄도 자세히 봐보렴. 병목에 매단 갈색 줄을 밑으로 자연스럽게 늘어뜨려 놨는데, 끝 부분은 둥글게 말아 놓아 전체 도자기의 품격을 살려 놨단다. 만약 줄을 둥글게 말지 않고 길게 늘어뜨려 놓기만 했다면 도자기 전체의 조형감이 많이 죽었을 거다. 그림을 그린 화가의 필력이 대단했음을 말해주는 부분이지.

이 도자기는 현재 보물 제1060호로 지정되어 국립중앙박물관에 소장되어 있단다. 본래는 서재식 씨라는 분이 소장하고 있었는데, 1995년 국립중앙박물관에 기증하여, 박물관을 찾는 많은 사람에게 제 자태를 뽐내고 있단다.

 **미션 명 ◦ 같은 무리에서 다른 하나를 찾아라**

다음 네 도자기 중 세 도자기는 동일한 안료(물감)로 그림을 그렸고, 하나만 다른 안료를 사용하여 그림을 그렸습니다. 안료가 다른 하나는 몇 번 도자기일까요?

①

▶▶▶ 정답은 203쪽에 있음.

2부
장인들의 혼이 담긴 우리 옛 금속공예

0.05mm 선 1만 3천 개로 장식된
초기철기시대의 잔무늬거울

장콩선생 우리 조상들이 보여준 금속공예의 조형미와 기술의 우수성은 가히 세계에 자랑할 만하단다. 오늘부터는 우리 선인네들이 남긴 금속공예품을 가지고 이야기를 나눠보자구나.

늘보거북 와~ 옛 도자기의 매력과는 또 다르겠네요.

장콩선생 첫 시간으로 아주 오랜 선조들이 남긴 금속공예 유물을 만나보자구나.
신석기시대를 이어 한반도에서는 기원전 10세기경에, 만주 지역에서는 이보다 앞선 기원전 15~13세기경에 청동기시대가 시작되었단다. 그리고 철기는 이보다 한참 늦은 기원전 4

세기경에 중국으로부터 전래되어 사용되기 시작했단다. 그러나 철기시대라고 해서 철기가 독점적으로 사용된 것은 아니었고, 청동기 위주의 사회에 철기가 최첨단 제품으로 소개되어 조금씩 사용되다가, 기원전후 무렵에 이르러서야 청동기를 전부 밀어내고 바야흐로 완전한 철기시대를 이루어 갔단다. 따라서 기원전 4세기경부터 기원전후 무렵까지를 초기철기시대 또는 청동기 후기시대라고 한단다.

여기서 문제를 하나 내겠다.

초기철기시대를 대표하는 청동기로는 무엇이 있을까요?

참　　치 음……비파형동검이요.

장콩선생 땡! 틀렸습니다. 정답은 세형동검과 잔무늬거울이었습니다. 비파형동검은 거친무늬거울과 함께 청동기시대를 대표하는 유물이고 세형동검과 잔무늬거울이 초기철기시대, 즉 청동기 후기시대를 대표한단다.

그런데 그중에서도 잔무늬거울은 거울 뒷면에 장식된 섬세하고 정교한 선 때문에 이 당시에 이미 우리나라 금속공예 기술이 상당한 수준에 도달했음을 입증해준단다.

다음에 나오는 유물이 바로 대표적인 잔무늬거울이란다.

◆ **전남 화순군 대곡리 출토 세형동검(국보 143호)**_ 기원전 3세기경, 국립광주박물관 소장. 중국의 영향을 벗어나 한반도에서 직접 만든 동검이다.

◆ **비파형동검**_ 비파처럼 생긴 청동기시대의 대표적인 동검.

◆ **거친무늬거울**_ 청동기시대 전기에 사용되었던 문양이 거칠고 선이 굵은 청동거울.

잔무늬거울(국보 141호)_ 기원전 3세기, 지름 약 21.2cm, 한국기독교박물관(숭실대학교) 소장. 초기철기시대에 나타난 청동으로 된 잔무늬거울. 거울에는 0.3mm 간격으로 0.05mm 정도의 가는 직선 1만 3천 여 개와 동심원 100여 개가 정교하게 그려져 있다.

장콩선생 이 유물은 기원전 3세기에 만들어진 것으로 거울을 자세히 보면 무수히 많은 선과 원이 보인단다.

참   치 네. 선과 원이 아주 정밀하게 많이 그려져 있네요.

장콩선생 그렇단다. 너희가 보는 것처럼 이 잔무늬거울의 지름은 21.2㎝로 거울에는 0.3㎜ 간격으로 0.05㎜ 정도의 가는 직선 1만 3천여 개와 동심원 100여 개가 그려져 있단다.

늘보거북 놀랍네요. 근데 아빠! 거울이면 얼굴이 보여야 하는데, 이 거울에는 얼굴이 비치지 않을 것 같은데요.

장콩선생 지금 우리가 보고 있는 것은 거울의 뒷면이란다. 앞면은 거울 본래의 기능을 하도록 매끈하게 만들었고, 뒷면에 이러한 장식을 하였단다.

참   치 가운데 두 개 볼록하게 튀어나온 것은 뭐예요?

장콩선생 한자로 '뉴(鈕)'라고 하는데, 우리말로 하면 꼭지란다. 잔무늬거울을 한자로 쓰면 '다뉴세문경(多鈕細文鏡)'인데, 이를 풀어 쓰면 '많은 꼭지가 있는 잔무늬거울'이라는 뜻으로 여기서 '많은 꼭지(多鈕)'란, 거울의 뒷면 중앙부에 두 개의 꼭지가 있기 때문에 붙여진 이름이란다.

여기서 두 번째 퀴즈를 내겠다. 이런 '뉴'는 어떻게 쓰였을까요? 맞히면 큰 선물을 주겠습니다.

늘보거북 음…… 끈을 매다는 곳 같아요.

장콩선생 빙고! 정확히 맞혔다. 늘보거북에겐 약속대로 아빠와 참치의 깜짝 공연을 선물로 주겠습니다.

나- 나나나- 나나나나나나- 쏴~

나- 나나나- 나나나나나나- 쏴~~

▶ **대곡리 출토 잔무늬거울(국보 143호)**_초기철기시대, 오른쪽 지름이 23cm, 국립광주박물관 소장. 이 잔무늬거울에도 뒷면 중앙부에 두 개의 꼭지가 달려 있다.

초기철기시대의 잔무늬거울

늘보 말처럼 당시 사람들은 이렇게 튀어 나온 곳에 끈을 매달아 목에 걸고 다녔단다.

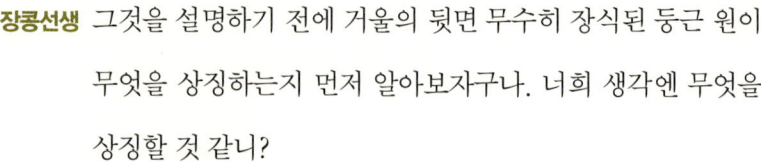

늘보거북 저렇게 큰 것을 목에 걸고 다녀요? 집에 놔두고 쓰면 되지, 왜 목에 걸고 다녔을까요?

장콩선생 그것을 설명하기 전에 거울의 뒷면 무수히 장식된 둥근 원이 무엇을 상징하는지 먼저 알아보자구나. 너희 생각엔 무엇을 상징할 것 같니?

참　치 천전리 바위그림에 있는 동심원이 태양을 상징한다고 배웠는데, 여기서도 동심원은 태양을 상징할 것 같아요.

장콩선생 딩동댕동 딩동댕!

고놈 뉘집 자식인지 참으로 똑똑하구나.

그래, 참치 말이 맞다. 거울 뒷면의 동심원들은 태양을 상징한단다. 그리고 당시의 지배자들은 이 거울로 태양을 비추며 태양신과의 교신(交信)을 시도했단다. 따라서 이 시대의 거울은 단순히 얼굴을 비추는 용도였기보다는 태양신의 뜻을 알기 위한 일종의 의식용 도구였단다.

늘보거북 저는 도저히 이해가 안 돼요. 당시에 살지도 않았으면서, 어떻게 거울을 태양신의 뜻을 알기 위한 도구였다고 말할 수 있나요. 그렇게 얘기할 만한 증거가 있나요?

장콩선생 단정지어 말할 수는 없지만, 그럴 가능성은 매우 높단다. 거울이 청동기시대 무덤에서 출토될 때 보면, 유골의 가슴 부위에서 주로 출토가 된단다. 또한 전라남도 대원사에 있는 티벳박물관에 가면, 티벳지방의 신탁승[神託僧: 신(神)을 받는 스님]을 재현한 인형이 있단다. 그런데 신기하게도 이 인형의 가슴에 청동거울이 매달려 있단다. 결국 티벳에서는 아직도 신의 뜻을 알기 위해 거울을 교신용 무전기로 활용하고 있다는 이야기가 되지.

티벳 신탁승_ 대원사 티벳박물관 소장. 인형의 가슴에 매달린 청동거울은 신과의 교신을 위한 것이다.

◆ **거푸집**_ 쇠붙이를 녹여 부어서 만드는 물건의 바탕으로 쓰이는 모형. 주형(鑄型)이라고도 한다.

참   치 청동기를 만들려면 거푸집을 제작해야 하잖아요. 그런데 거푸집에 저렇게 정교한 무늬를 새길 수 있었을까요? 현대의 최첨단 기술을 사용해도 저 정도의 선을 새기기는 쉽지 않을 것 같은데요?

장콩선생 초기철기시대의 무덤에서 잔무늬거울이 간혹 출토되고 있기 때문에 당시 사람들이 만든 것은 확실하단다. 그리고 저 정도의 정교한 무늬를 가진 제품을 만들기 위해서는 진흙 거푸집을 사용했을 거라고 추정하고 있단다.

진흙 거푸집은 밀랍(꿀 찌꺼기에 송진을 섞은 것)으로 거울 형태를 만들고 거기에 선을 정교하게 양각으로 새기고 여기에 고운 진흙으로 반죽된 것을 두껍게 펴서 말린 후 그 다음 열을 가하면 밀랍이 녹아 빠지면서 청동물이 들어갈 공간이 생긴단다. 그 공간에 주물을 집어넣어 충분히 굳었다 생각할 때 거푸집을 부수면 이런 정교한 거울의 생산이 가능하단다.

참   치 와~ 정말 대단하네요. 이론적으로는 이해가 되지만 실제로 해보라고 하면 도저히 못할 것 같은데요.

장콩선생 그렇단다. 현재도 아니고 오랜 옛날에 이러한 기술을 선보였다니 놀라울 뿐이지. 우리가 감상한 잔무늬거울은 우리나라에 있는 잔무늬거울 가운데 가장 크며, 제일 정교하게 무늬가 새겨진 것으로 우리 선조들의 금속공예 기술이 기원전에도 크게 발전했음을 알려주는 좋은 문화유산이란다. 이 거울은 국보 제141호로 지정되어 현재 숭실대학교 부설 한국기독교박물관에 소장되어 있단다.

 **미션 명** 유물의 뒷모습을 복제하라

다음은 초기철기시대를 대표하는 유물인 잔무늬거울입니다. 뒷면의 선들이 무척 정교하지요. 직선도 있고 동심원도 보입니다. 컴퍼스와 자를 이용하여 그대로 복제해봅시다.

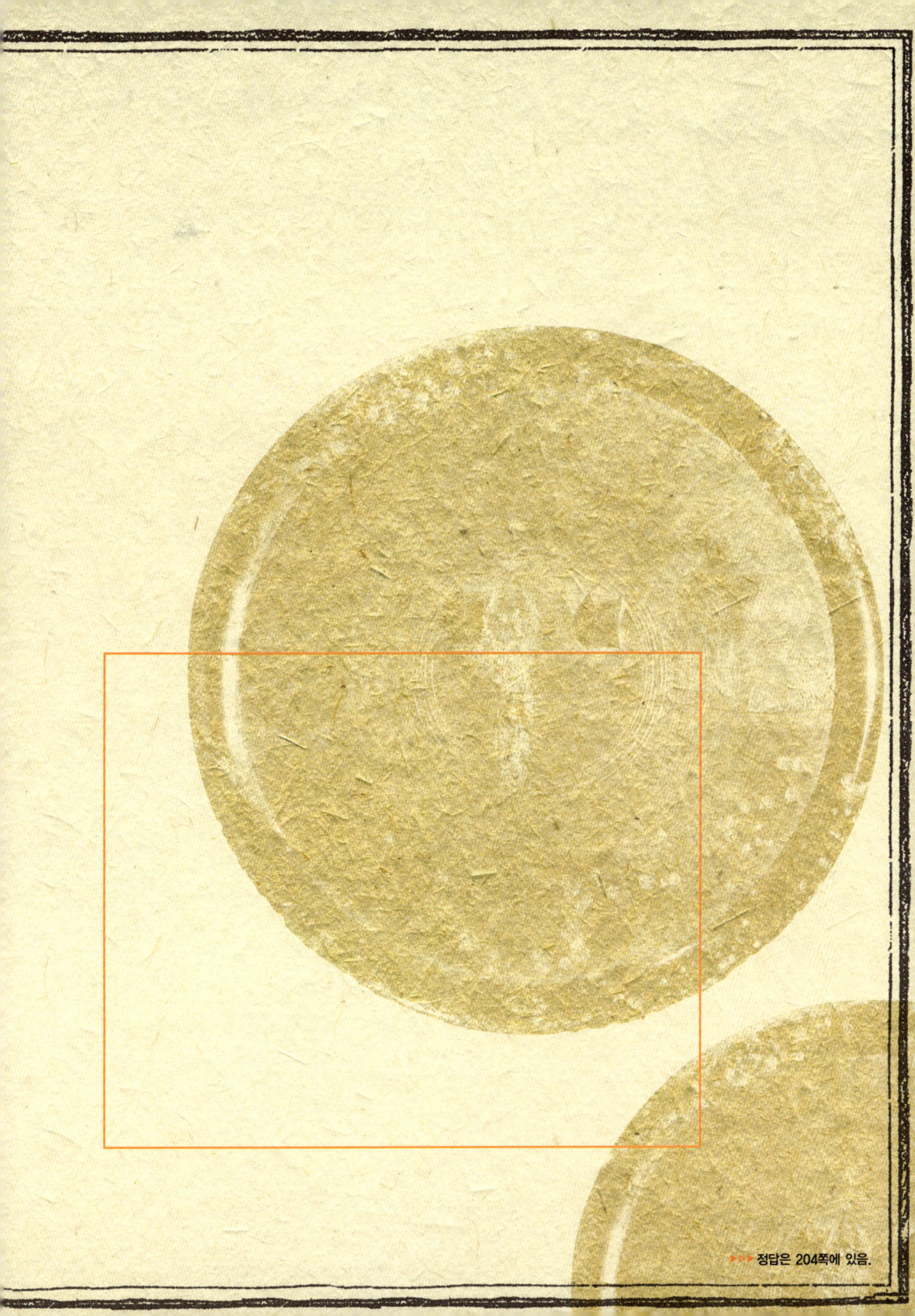

▶▶▶ 정답은 204쪽에 있음.

백만 불짜리 매혹적인 미소를 지닌
삼국시대의 금동반가사유상

장콩선생 슬픈 얼굴인가 하고 보면 그리 슬픈 것 같지 않고, 미소 짓고 계신가 하고 바라보면 준엄한 기운이 감돌고, 또다시 바라보면 청정하고 원만한 미소가 입가에 흐르는 불상이 삼국시대에 만들어졌단다. 누군지 알겠니?

참　치 석굴암 본존불요?

장콩선생 아니, 그럼 좀더 구체적으로 설명해줄 테니 다시 한번 맞혀보렴. 연꽃 의자에 반가부좌로 앉아, 오른손을 턱 밑에 살포시 대고 명상에 잠겨 있는 보살이란다.

참　　치　아! 알겠어요. 금동반가사유상요.

장콩선생　딩동댕. 정답입니다. 전문가들은 이 작품을 현재 전하고 있는 금속공예품 중 으뜸이라고 생각한단다.

늘보거북　그런데 왜 반가사유상이라고 해요?

장콩선생　'반가사유(半跏思惟)'는 한쪽 다리를 무릎 위에 올려 놓고 무언가를 생각한다는 의미에서 붙였단다.
관음보살이나 미륵보살에 많이 나타나는 반가사유상은 석가모니가 태자였을 때 인생의 의미와 깨달음에 대해 고민하던 모습을 조각상으로 표현한 것이란다. 인도에서 처음 만들어졌으며, 우리나라에서는 삼국시대 후반인 6세기부터 7세기 사이에 주로 조성(造成)되었단다.

오늘 너희들에게 멋진 반가사유상 두 점을 소개시켜주마. 국보 제78호와 제83호로 지정된 이 두 반가사유상은 한국 불교 조각의 명품이자 한국을 대표하는 국보란다.

함께 반가사유상을 불러볼까. 반가사유상님 나오세요!

금동반가사유상(국보 78호)_ 삼국시대 6세기 후반, 높이 82.9cm, 국립중앙박물관 소장. 전체적으로 균형 잡힌 자세, 아름다운 옷주름, 명상에 잠긴 듯한 오묘한 얼굴 등은 한국적 보살상을 성공적으로 완성시킨 작품으로 평가받는다.

🔸 **금동반가사유상(국보 83호)**_ 삼국시대 7세기 전반, 높이 90.9cm, 국립중앙박물관 소장. 잔잔한 미소에서 느껴지는 반가사유상의 자비로움은 우수한 종교 조각으로서의 숭고미를 더해준다. 머리에 3면이 둥근 산 모양의 관을 쓰고 있다.

장콩선생 본 소감이 어떠냐? 세상사 온갖 욕심이 사라지는 것 같지 않니?

참 치 아빠! 궁금한 게 있어요. 흔히들 이 사유상을 미륵보살상이라고 하잖아요. 그런데 미륵보살은 어떤 부처예요?

장콩선생 미륵보살은 기독교에 비유하면 예수와 비슷한 구세주란다. 지금은 도솔천인 이상향에서 천인(天人)들에게 설법을 하며 지내고 있지만, 현세(現世)에서 중생을 구제하고 있는 석가모니불이 돌아가시면, 그를 대신하기 위해 56억 7천만 년이 되는 해에 세상에 내려와 용화수 아래에서 성불(成佛)하여 어려운 중생들을 구제하는 미래불이란다.

참 치 그러니까 미륵보살은 현재는 도솔천에 살고 있는데, 부처님이 돌아가시면, 그때 세상에 내려와 부처님이 되실 미래의 부처님이시군요.

장콩선생 그렇단다. 그렇기 때문에 미륵보살상은 연꽃 의자에 걸터앉아 명상에 잠겨 있는 자세로 만들어진단다. 세상에 내려가 중생구제를 하기 위해서는 지금부터 꾸준히 어떻게 중생을 구제할 것인가를 고민해야 하지 않겠니? 바로 그 모습을 구체적으로 묘사한 것이 오늘 우리가 감상하는 반가사유상이란다.

◆**용화수**_ 미륵보살이 성불하여 그 밑에서 중생제도를 위한 법회인 용화삼회를 여는 나무. 꽃가지는 용머리와 같고 나뭇가지는 보룡(寶龍) 같다고 함.

◆**성불**_ 모든 번뇌를 끊고 해탈하여 불과(佛果)를 얻는 것. 곧 부처가 되는 것.

늘보거북 사진 속의 미륵보살 두 분은 형태가 비슷해서 구별하기 힘든데, 어떻게 구별해요?

장콩선생 머리에 쓴 관을 비교해보면 쉽게 알 수 있지.

왼쪽 보살은 현재 국보 제78호로 지정된 보살이란다. 태양과 초승달이 결합된 독특한 보관(寶冠)을 쓰고 있어서 일월식보관(日月飾寶冠)을 쓴 보살로 알려져 있단다. 오른쪽은 국보 제83호 보살이란다. 머리에 쓴 관이 78호처럼 화려하지 않고 봉우리가 셋인 산의 모습을 한 삼산관(三山冠)을 쓰고 있단다.

▶ **금동반가사유상 부분 확대 그림_** 국보 78호 보살(왼쪽)의 머리는 태양과 초승달이 결합된 보관을 쓰고 있고, 국보 83호 보살(오른쪽)은 봉우리가 셋인 산의 모습을 한 삼산관을 쓰고 있다.

삼국시대의 금동반가사유상

전문가들에 의하면 78호가 83호에 비해 약간 먼저 제작되었 단다. 78호는 6세기 후반, 83호는 7세기 전반에 만들어진 것 으로 생각한단다. 이렇게 추정하는 이유는 83호가 78호에 비해 세련미가 더 있기 때문이지.

늘보거북 같은 금동보살인데 왜 78호는 검고, 83호는 금빛이 나나요?

장콩선생 78호 보살을 자세히 봐보렴. 군데군데 약간의 금색이 남아 있지. 78호나 83호 보살이나 모두 황금빛을 띠고 있었단다. 오랜 세월이 흐르다보니 청동 위에 도금된 것이 벗겨져서 차이가 있는 것처럼 보인단다.

그런데 이 보살상이 우리를 감동시키는 것은 무엇 때문일까?

참 치 얼굴에 흐르는 미소요. 눈이 위로 가느다랗고 길쭉하게 되어 있어 조금만 잘못 조각했어도 사납게 보였을 텐데, 이 보살상 들은 인자하기만 해요.

장콩선생 그렇단다. 보살상의 얼굴에 흐르는 미소 때문이란다. 사유와 명상에 잠긴 고요하고 그윽한 미소, 인간 내면의 깊은 곳에서 우러나오는 깨달음의 미소가 바로 이 보살상들을 우리 금속공예품 중의 최고봉으로 자리매김하게 했단다.

참　치 그런데 이들의 국적은 어디예요?

장콩선생 그건 단정지어 말할 수가 없단다. 이 보살상이 우리에게 공개적으로 알려진 것은 일제시대인데, 발굴된 지역이 명확하게 전해지지 않아서 연구자에 따라서 백제, 신라, 고구려로 말한단다. 그래서 그냥 삼국시대 후기에 만들어진 불상으로 말하고 있단다.

참　치 아빠! 일본에도 이와 비슷한 반가사유상이 있잖아요. 그것과 이 보살상들은 서로 관련이 없나요?

장콩선생 아! 일본 국보 1호로 지정된 목조반가사유상 말이니?

참　치 예, 그래요.

장콩선생 당연히 관련이 있지. 근데 일본 국보 제1호로 지정되었다고 했지만, 엄밀하게 말하면 일본 국보라고 해야 한단다. 왜냐하면 일본은 국보에 일련번호를 붙이지 않는단다. 그럼에도 목조반가사유상을 일본 국보 제1호라고 하는 이유는 일본의 국

삼국시대의 금동반가사유상　155

보 중 가장 먼저 지정되었기 때문이지.

일본 국보 제1호로 지정된 목조반가사유상은 일본의 경주라고 할 수 있는 교토의 고류지(광륭사:廣隆寺)에 있단다.

옆의 그림을 보면 알겠지만, 우리나라 83호 보살상과 쌍둥이처럼 생겼단다. 차이가 있다면 우리나라 것은 금동제이고, 일본 것은 나무로 만들었다는 것이지.

이 목조반가사유상을 처음 본 독일의 실존주의 철학자 칼 야스퍼스(Jaspers, Karl Theodor, 1883~1969)는 다음과 같이 찬사를 보냈단다.

나는 지금까지 철학자로서, 인간 존재를 최고로 완성시킨 모습을 보여주는 여러 가지 뛰어난 예술 작품들을 접해왔다. 고대 그리스의 신들을 조각한 상도 보았고, 고대 로마시대에 만든 수많은 뛰어난 기독교적인 예술품들도 보아왔다. 그러나 그들이 만든 그 어떤 것에도, 아직 완전히 극복되지 않은 인간적인 냄새가 남아 있었다.

그런데 이 광륭사의 불상에는, 참으로 완성된 인간 실존의 최고 이념이 남김없이 완전하게 표현되어 있다. 그것은 이 지상에 있어서의 모든 시간적인 것의 속박을 초월해서 달성해낸 인간 존재의 가장 청정한, 가장 원만한, 가장 영원한 모습의 표징

•칼 야스퍼스_ 독일의 실존주의 철학자. 실증주의적(實證主義的)인 과학에 대한 과신(過信)을 경고하고, 근원적인 불안에 노출된 인간의 비합리성을 포착하여 본래적인 인간 존재의 양태를 전개하는 '실존철학'을 시대구원의 한 방법으로 제시하였다.

(表徵)이라고 생각한다.

20세기의 위대한 철학자 야스퍼스가 말한 것은 한마디로 이 불상이 동서고금을 막론하고 가장 완전무결한 아름다움을 지닌 조각품이라는 얘기지.

일본인들도 이 불상을 무척 좋아하는데, 한번은 미술을 전공하는 대학생이 이 미륵보살의 아름다움에 매료되어, 아무도 모르는 사이에 보살의 볼에 입맞춤(?)을 하려다가 미륵보살의 손가락 하나를 부러뜨렸단다. 이 학생은 떨어진 손가락을 주머니에 넣고 나와 고민하다가 불상이 있던 건물인 영보관 앞뜰에 가만히 놓고 도망을 쳤단다. 가져가진 않았기에 미륵보살상을 완전한 상태로 복원할 수 있었는데 이 불상의 매력이 어느 정도인지는 알 수 있게 해주는 이야기란다.

이 불상을 일본인들은 자기나라에서 만든 것이라고 주장하는 경우가 많은데, 현재 학계의 흐름은 우리나라에서 만들어져 일본에 반출되었거나, 그게 아니라면 최소한 우리나라 장인(匠人)이 일본으로

일본 국보 1호로 지정된 목조반가사유상 _ 일본 교토 고류지 소장. 모습이 우리나라 국보 83호 반가사유상과 매우 흡사하여 우리 문화와의 연결고리를 짐작하게 한다.

목조반가사유상이 있는 일본의 광륭사

나무를 가지고 가서 만든 것으로 추정하고 있단다. 그렇게 추정하는 이유는 불상의 재료가 적송(赤松)인데, 적송은 일본에는 거의 없고 우리나라 산에 많이 분포하고 있는 소나무란다. 또한 일본에는 나무로 만들어진 수많은 문화재가 있는데, 이중에서 거의 유일하게 반가사유상만이 소나무로 만들어졌고 다른 것들은 대부분 녹나무나, 편백나무로 만들어졌단다. 이런 사례로 보았을 때 일본인 중 일부가 이 불상을 자기들이 독단적으로 만들었다고 주장해도 우리 문화와의 연결이 없이는 결코 만들어질 수 없는 불상이라는 것을 알 수 있단다.

◆적송_ 백두대간 줄기를 따라 금강산에서 울진·봉화를 거쳐 영덕 지역에 자라는 소나무. 일반 소나무와는 달리 줄기가 곧고 단단하여 전통 가옥의 목재로는 최고로 친다. 껍질이 유달리 붉어 적송이라고 하며, 금강송·춘양목으로도 부른다.

늘보거북 일본 사람 모두가 자기들의 선조가 만들었다고 생각하나요?

장콩선생 아니 그렇지는 않단다. 일본 학자 중 상당수는 반가사유상이 아름다운 불상임에는 틀림없지만, 표정으로 보아서 일본인답지 않고 여러 정황으로 보았을 때 우리나라에서 제작하여 가져왔다고 생각한단다. 어찌 되었든 간에 일본에 있는 목조반가사유상은 우리 민족의 혼이 면면히 흐르는 귀중한 문화유산이란다.

아빠는 이런 생각을 간혹 한단다. 서양 사람들이 자랑하는 로댕(1840~1917)의 '생각하는 사람' 과 우리의 '반가사유상' 중 어느 게 더 매혹적일까?

◆**로댕**_ 프랑스 출신으로 근대조각의 시조(始祖)로 일컬어진다. 18세기 이래 건축의 장식물에 지나지 않던 조각에 생명과 감정을 불어넣어, 예술의 자율성을 부여하였다. 1878년에 제작한 '청동시대'는 로댕 예술의 출발점이며, 그의 사실적 표현의 완성이라고 할 수 있다. 이 외에도 주요 작품으로 '지옥의 문', '칼레의 시민' 등이 있다.

참 치 당연히 반가사유상이죠. 로댕의 생각하는 사람은 인간 개인의 고뇌만이 있을 뿐이잖아요. 그에 반해서 반가사유상에는 모든 중생을 구제하려는 염원이 들어 있잖아요.

장콩선생 너도 그리 생각하니? 어쩜 그리 내 생각과 똑같니?

로댕은 '생각하는 사람' 을 제작할 때 '여러 인간의 고뇌를 바라보면서 깊은 생각에 잠긴 근육질의 남자상' 을 만들었다고 하는데, 이는 결국 현실의 삶 속에서 고뇌에 빠진 인간들의 문제를 적극적으로 해결해주려 하기보다는 그런 고뇌가 왜 생기는가를 고민하는 지극히 사적인 고민이라고 할 수 있단다.

이에 반하여 반가사유상의 고뇌는 이 세상에서 고통 받는 많은 사람을 어떻게 구제할 것인가를 고민하는 고차원적인 고뇌란다.

삼국시대의 금동반가사유상

 **로댕의 '생각하는 사람'과 '반가사유상'** _ 프랑스 조각가 로댕의 생각하는 사람(1880년, 청동조각상, 높이 186cm) 은 인간 고뇌를 바라보며 깊은 생각에 빠진 남자의 모습을 담고 있는 반면 반가사유상은 세상에서 고통 받는 사람들을 구제하고자 고민하는 고차원적인 고뇌이다.

참   치 왜 그런 차이가 생길까요?

장콩선생 아빠는 두 조각상을 비교하면서 이것이 바로 사유에 대한 동양과 서양의 본질적 차이가 아닐까 생각한단다. 즉, 서양의 실존주의적 고민은 '내가 왜 사나'를 지극히 개인적인 측면에서 고민한다면, 동양의 자비주의에서 나타나는 고민은 '내가 사는 이유는 많은 사람에게 도움을 주기 위해서'라는 전체를 위한 고민이라는 것이지. 그래서 반가사유상을 보고 있노라면, 인간사의 번잡함은 어느새 사라져버리고 그 미소만이 마음속에 훈훈하게 자리 잡게 된단다.

레오나르도 다빈치(1452~1519)의 '모나리자'의 미소를 '백만 불의 미소'라고 하지만, 아빠 생각에 진짜 백만 불짜리 미소는 바로 우리 국보 '반가사유상의 미소'라고 생각한단다.

◆ **레오나르도 다빈치_** 르네상스시대의 이탈리아를 대표하는 천재적 미술가·과학자·기술자·사상가.

◆ **모나리자_** 다빈치가 피렌체의 부호 프란체스코 델 조콘다를 위해 그 부인인 엘리자베타를 그린 초상화.

나는야!
역사탐정

 **미션 명** ◈ 두 반가사유상의 다른 점을 찾아라

국보 78호 반가사유상

국보 83호 반가사유상

옆의 두 미륵보살반가사유상은 쌍둥이처럼 비슷하게 생겼습니다. 그러나 자세히 살피면 차이점이 보입니다. 그 차이점을 찾아보십시오.

①
②
③

▶▶▶ 정답은 204쪽에 있음.

1400년 만에 햇빛을 본 백제의 금동대향로

장콩선생 660년. 나·당 연합군이 백제를 멸망시키기 위해 물밀듯이 쳐들어오는 상황에서 백제의 장인은 온갖 정성을 다해 만든 향로를 가지고 도망칠 수가 없었단다. 장인은 훗날을 기약하며 칠기함에 향로를 넣어 물웅덩이 밑에 숨기고 급히 피난을 갔단다. 그러나 장인은 다시 그곳에 오지 못했고, 향로는 자신의 주인을 애타게 기다리며, 무려 1400여 년을 그곳에서 살아야 했단다.

1993년 12월 12일, 충남 부여 능산리 고분군의 서쪽 골짜기에서 건물터를 발굴하던 사람들이 백제시대 때 공예품을 만들던 공방터의 물웅덩이에서 향로 하나를 발견했단다. 전문

가들은 이 향로의 아름다움에 탄성을 지르며, 완벽한 아름다움을 지닌 국보급 문화재임을 이구동성으로 말했단다. 그리고 이 향로에 이름을 붙여줬단다. "백제 금동대향로!"
이 향로가 1400여 년 만에 햇빛을 보는 역사적인 순간이지.

부여 능산리 고분의 '금동대향로' 출토지
_ 백제 금동대향로는 1993년 12월 12일, 부여 능산리 고분군 서쪽 골짜기에서 건물터를 발굴하던 사람들에게 발견되어 마침내 1400여 년간의 오래된 잠속에서 깨어난다.

늘보거북 얼마나 아름다웠으면 학계에 계신 분들이 탄성을 아끼지 않았을까요?

장콩선생 그럴 수밖에 없는 게 이 향로는 높이 61.8㎝, 무게 11.8㎏이나 되는 대형 향로로 정교한 조각술로 향로 전체에 인물과 새, 짐승들을 다양하게 새겼단다. 어떻게 생겼는지 궁금하지 않니? 다 함께 금동대향로를 만나보자구나.
금동대향로 나와라 얍!

백제의 금동대향로 165

금동대향로(국보 287호)_ 백제 6~7세기, 높이 61.8cm, 무게 11.8kg, 충남 부여 능산리 절터 출토, 국립부여박물관 소장. 밑받침 부분의 한 발을 치켜든 용, 몸체의 연꽃봉오리, 상부를 구성하는 신선들이 사는 박산(博山), 손잡이의 봉황 등은 조형미와 조각 수법의 탁월함을 자랑한다. 백제시대의 공예와 미술 문화, 종교와 사상, 제조기술까지 엿볼 수 있는 이 금동대향로의 발굴은 백제 고고학의 최대 성과로 일컬어진다.

참　　치 야, 매우 세련되고 정교하게 만들어졌네요.

장콩선생 아빠도 그렇게 생각한단다. 백제인들의 예술적 감각이 함축된 이 금동대향로는 백제 금속공예 기술의 정수를 보여주고 있지. 이 향로의 매력을 살펴보기 전에 백제(기원전 18년~기원후 660년)에 대해 잠깐 정리하고 넘어가자구나.

한강 유역에서 일어난 백제국이 마한 지역을 통합하면서 성장한 나라가 백제라는 건 알고 있지? 이후 백제는 웅진(공주)과 사비(부여)로 도읍을 옮기면서 문화를 꽃피워, '백제의 미소'로 불리는 뛰어난 조형감각으로 독자적인 예술세계를 이루었단다. 특히 중국 남조와의 교류를 통해 국제적인 안목을 가진 세련되고 우아한 문화를 창출하였지. 이러한 백제 문화는 일본에 크게 영향을 주어 아스카 문화의 형성에 공헌을 하였단다.

그럼에도 불구하고 이렇게 꽃핀 백제의 문화유산은 현재 남아 있는 수가 별로 없단다. 그 이유는 여러 가지가 있겠지만, 신라에게 멸망하여 일찍 문화가 시들었고, 또 불교의 영향으로 무덤 속에 부장품을 거의 넣지 않았기 때문이란다. 실제로 백제의 무덤을 발굴해보면 부장품이 거의 나오지 않는단다.

◆**남조**_ 5~6세기경 중국의 남쪽 지방을 장악했던 4왕조(송·제·양·진)를 말한다.

◆**아스카 문화**_ 우리나라 삼국(고구려·백제·신라) 문화의 영향을 받아 성립된 일본의 고대 문화.

발굴 당시 금동대향로의 모습

늘보거북 그러니 이 금동대향로가 발견되었을 당시 학계의 놀라움은 대단했겠어요.

장콩선생 왜 아니겠니. 향로가 발견된 부여군 능산리 일대는 백제의 고분군이 몰려 있는 곳이란다. 이 고분군의 서쪽 골짜기 공방터에서 대향로가 바닥 구덩이에 묻힌 채 완전한 형태를 드러냈을 때, 발굴자들의 감동은 우리가 상상할 수 없을 정도의 감격이었단다.

참 치 아빠 말씀을 듣고 보니 백제의 예술이 낳은 이 향로가 더없이 소중하게 느껴져요. 이제 금동대향로에 대해 하나하나 설명해주세요.

용 모양을 하고 있는 대향로 받침 부분

장콩선생 그래, 그럼 밑부분부터 천천히 살펴보자구나. 밑받침을 보렴. 향로를 지탱하고 있는 동물이 보이지? 늘보가 보기엔 무슨 동물 같으냐?

늘보거북 용이요. 한 발을 앞으로 내밀고 고개를 꼿꼿하게 든 채, 억센 이빨이 보이는 입으로 몸체를 떠받치고 있어요.

168 박물관 속에 숨어 있는 우리 문화 이야기

장콩선생 그렇구나. 용의 한 발과 구름무늬가 원형을 이루며 중심축을 형성하고, 다른 한 발은 앞으로 뻗어 승천하는 듯한 용이 격동적인 자세로 힘 있게 솟구치며 몸체를 떠받치고 있구나.

이젠 몸체를 보렴. 용이 떠받치고 있는 몸체는 위로 올려다보는 연꽃[앙련: 仰蓮]으로 구성되어 있고, 각 꽃잎 위에는 2명의 인물, 즉 북을 연주하는 모습의 사람·동물을 탄 인물과 23마리의 동물이 연꽃잎마다 새겨져 있단다.

🔥 **연꽃으로 구성된 몸체**

그리고 뚜껑이 되는 상부에는 4~5겹으로 둘러싸인 74개의 산봉우리와 계곡이 첩첩산중을 이루고 있으며, 심산유곡에는 폭포가 흐르고 나무와 꽃이 자라고, 그 사이사이에는 사람과 새와 동물들이 어우러져 살고 있단다. 그리고 그 위에 손잡이는 봉황을 조각해 놓았단다.

🔥 **손잡이 부분의 봉황**

백제의 금동대향로 169

🦌 **금동대향로 뚜껑 부분(위)과 이를 확대한 그림(아래)**_ 4~5겹으로 둘러싸인 74개의 산봉우리와 계곡이 첩첩산중을 이루고, 그 사이사이에 사람과 새와 동물이 어우러져 있다. 피리와 비파, 현금, 북 등을 연주하는 악사와 각종 무인상, 기마수렵상 등 인물상뿐만 아니라, 호랑이, 사슴 등 현실세계의 동물들도 보인다. 시냇물, 폭포, 호수 등도 변화무쌍하게 표현되었다.

이 향로를 꾸준히 연구해온 학자에 의하면, 향로에는 18명의 사람과 65마리의 동물상이 봉황의 양계(陽界)와 용의 음계(陰界) 사이에서 음양의 조화를 이루며 살고 있단다.

늘보거북 아빠! 향로는 어디에 쓰는 물건이에요?

장콩선생 향로는 종교의식에서 향을 피우는 도구로 불교나 도교 모두에서 사용하기에 어느 시대나 많이 제작되었단다.
본래 향은 악취나 해충을 쫓기 위해 사용했지만, 잡귀나 잡념까지 없애준다고 하여 각종 제사나 사찰의 불교의식 등에도 쓰이고 있단다.
향로를 만들기 시작한 곳은 중국의 한나라로 기원전후 무렵에 청동기로 박산향로를 제작했단다.

늘보거북 박산향로가 뭐예요?

장콩선생 용 형상으로 받침을 대고 위에는 산 모양을 한 향로를 통틀어 박산향로라고 한단다. 그래서 백제 대향로도 박산향로를 기본으로 만들었다고 할 수 있단다. 그러나 중국에서도 백제 대향로처럼 섬세하고 미려하게 만들어진 향로는 아직 발견되지 않고 있어서 이 향로는 백제 장인이 만든 작품으로 인정되

▶ 창저우시 박물관에 있는 벽돌에 새겨진 향로.

고 있단다.

그런데 최근에 이 향로와 비슷한 향로 그림이 중국 창저우(常州:상주)시 박물관에 있는 벽돌에서 확인되어 중국 남조(南朝)와 밀접한 관련이 있을 수도 있다는 주장이 제기되었단다.

또한 우리는 머리에 앉아 있는 새를 아무 의심 없이 봉황으로 파악하고 있으나, 중국 박산향로의 전문가이자 금동대향로를 관심을 가지고 연구하고 있는 중국 룽먼(龍門:용문) 석굴 연구소 명예소장 원위청(溫玉成)은 이 새가 봉황이 아니라 천계(天鷄)라고 주장하고 있단다.

원위청이 이렇게 주장하는 이유는 봉황은 머리 위에 두 가닥의 깃털이 있고, 꼬리 부분에도 아름다운 꼬리 깃털이 있기 마련인데, 대향로의 새는 닭 벼슬과 긴 꼬리를 지니고 있어 수탉이 틀림없다는 것이란다.

게다가 대향로의 천계는 꼬리가 매우 긴데, 그 형상은 백제 특산인 '꼬리 긴 닭'일 가능성이 크다고 이야기한단다.

어느 것이 옳다고 확실히 말할 수는 없지만, 충분한 근거를 제시하여 주장하는 것이니 꾸준히 연구해볼 가치가 있단다.

어찌 되었든 백제 대향로는 백제인의 예술적 기질과 역량이 가시적으로 표출된 7세기 전반기 백제 문화를 대변하는 명품이라고 할 수 있겠다.

현재 이 향로는 국보 제287호로 지정되어 있으며, 국립부여박물관에 소장되어 있단다.

 **미션 명** ✧ 백제 대향로를 해체하여 분석하라

다음 그림은 백제시대에 만들어진 금동대향로입니다. 금동대향로의 전문가가 되어 다음의 질문에 답하시오.

① 이 향로는 어디에 쓰는 물건일까요?
② 손잡이의 새는 어떤 동물일까요?
③ 밑받침을 이루고 있는 동물은 무엇일까요?

▶▶▶ 정답은 204쪽에 있음.

어미 때문에 울린 맑고 고운 소리
통일 신라의 에밀레종

장콩선생 신라 혜공왕(제36대, 756~780) 때였단다. 봉덕사에서는 큰 종을 만들기 위해 승려들이 온 나라를 두루 돌아다니며 기부금을 거둬들였단다. 불심에 가득 차 있던 백성들은 나라에서 큰 종을 만든다는 말에 힘이 닿는 대로 재물을 바쳤고, 종은 곧 완성이 되었단다.

그런데 이상하게도 소리가 나지 않아서 스님들은 그 이유를 찾기 위해 백방으로 노력했단다. 아무리 해도 이유를 알 수 없었는데, 하루는 주지 스님이 이상한 꿈을 꿨단다.

백발노인이 꿈속에 나타나더니 "너희들이 시주를 다닐 때, 어떤 부인이 '우리 집은 가난해서 아무것도 바칠 것이 없습니다. 하나밖에 없는 딸이라도 데려가십시오.' 라고 말했는

◆**봉덕사**_ 신라 제33대 성덕왕이 태종 무열왕을 위해 세운 사찰로, 경주 북천(北川) 근처에 있었다고 함. 혜공왕이 부왕 경덕왕의 뜻을 이어 완성한 성덕대왕신종이 처음엔 봉덕사에 걸려진 이유로 봉덕사 종이라고도 한다.

데, 어째서 그 아이를 데려오지 않았느냐? 그 아이는 몸에 불의 기운이 있어서 쇠를 녹일 때 그 아이를 넣어서 만들면 좋은 소리가 날 것이다." 하더란다.

주지 스님은 깜짝 놀라 스님들을 모아 놓고 물으니, 한 스님이 그런 일이 있었다고 하더란다. 주지 스님은 그 아이를 데려오도록 했고, 스님은 아이의 엄마를 만나 사정을 이야기했단다. 처음에는 안 된다고 말하던 엄마도 "모든 사람들의 마음을 밝게 하는 종소리가 된다면, 만백성의 마음속에 영원히 살게 될 것"이라는 소리를 듣고 사람의 힘으로는 어떻게 할 수 없는 큰 힘이 사랑하는 딸을 데리고 가려는 것을 깨닫고 스님에게 아이를 내밀었단다.

그 후 쇠를 녹일 때 아이를 넣어 종을 다시 만들었더니 세상에서 가장 아름다운 소리가 나서 온 나라 구석구석까지 울려 퍼졌단다. 그런데 이상하게도 그 종소리는 마치 어린 딸이 어머니를 부르는 듯 '에미(어미) 때문에, 에미 때문에'라고 하는 듯이 "에밀레, 에밀레, 에밀레" 하고 울었단다.
에밀레종에 얽힌 슬픈 전설이란다.

늘보거북 저도 이 전설을 알아요. 그런데 정말 그랬을까요?

장콩선생 단정할 수는 없지만, 그랬을 가능성은 적단다. 왜냐하면, 만약 종을 녹일 때 아이를 함께 녹였다면 뼈의 주성분인 인(P)이 검출되어야 하는데, 1998년 국립경주박물관의 의뢰로 포항산업과학연구원에서 샘플을 채취하여 분석해본 결과, 인은 전혀 검출되지 않았단다.

참　치 그럼 어째서 그런 전설이 생겼을까요.

장콩선생 종 표면에 이 종이 만들어진 사연이 쓰여 있는데, 여기에는 "효성이 지극한 경덕왕(재위 742~765)이 부모에 대한 정이 골수에 사무치심에, 동 12만 근을 희사하여 아버지인 성덕대왕을 위하여 대종을 만들고자 하였으나, 뜻을 이루지 못하고 세상을 떠났다. 그 후 아들인 혜공왕이 아버지의 유언을 받들어 이 종을 만들게 하였다."라고 쓰여 있단다.

이 기록에 의하면 종은 처음 만들기 시작한 때로부터 20여 년 만에 완성되었으며, 만드는 과정에서 여러 차례의 실패가 있었음을 알 수 있단다. 아마 그 과정에서 어린아이를 넣었다는 슬픈 전설이 생겼다고 추정할 수 있단다.

◆**경덕왕**_ 신라 제35대 왕. 성덕왕의 아들로 754년 황룡사 종을 주조하였고, 석굴암의 축조를 비롯하여 불국사·굴불사 등을 창건하였다.

참   치 에밀레종이 세계에서 가장 아름다운 종소리를 가지고 있다고 하던데 정말 그런가요?

장콩선생 일찍이 일본 방송국에서 세계적으로 유명한 종들의 종소리를 모두 녹음하여 일종의 종소리 경연대회를 열었는데, 에밀레종의 소리가 단연 으뜸이었단다. 또한 한국과학기술원의 이병호 교수는 국내에 있는 유명한 종들의 소리를 비교 평가해보았는데, 100점을 만점으로 에밀레종은 86.6점, 에밀레종의 형님뻘이 되는 상원사종은 71.5점, 매년 1월 1일에 타종하는 서울의 보신각종은 58.2로 계산되었단다. 따라서 에밀레종의 종소리는 과학적으로 분석해도 세계에서 가장 우수하다고 말할 수 있단다.

놀보거북 도대체 에밀레종은 어떻게 생겼어요?

장콩선생 에밀레종의 정식 이름은 '성덕대왕신종'이란다. 무게가 18.9톤으로 실제 울리고 있는 종으로는 세계에서 5번째로 무거운데, 길게 여운을 남기며 울리는 소리는 타의 추종을 불허한단다. 과연 그런지 직접 만나보자구나.
다음에 나오는 종이 에밀레종이란다.

◆ 상원사종(국보 36호)_
오대산 상원사에 있는 동종. 신라 성덕왕 24년(725)에 만들어졌다. 높이 1.64m, 입지름 91cm이다. 현존하는 완형의 통일신라시대 범종 3구 중 하나다.

◆ 보신각종(보물 2호)_
조선시대 만들어진 종. 총높이 3.18m, 입지름 2.28m, 무게 19.66톤의 큰 종이며 음통이 없고 2마리 봉이 고리 역할을 하고 있다.

성덕대왕신종(국보 29호)_ 통일신라 8세기, 몸체 높이 3.75m, 종걸이 높이 0.65m, 입지름 2.2m, 무게 18.9톤. 그윽하고 긴 여운의 종소리가 일품인 한국 최고의 범종. 봉덕사종이라고도 한다. 통일신라시대 예술의 전성기에 만들어졌으며 화려한 문양과 조형미, 주조 기법 등 한국 금속공예사에서 최고를 자랑한다.

늘보거북 와~ 오랜 세월을 지나왔을 텐데도 형태가 완전하네요.

장콩선생 그렇지? 이 종은 몸체 높이가 3.75m이고 종걸이의 높이는 0.65m, 당초문을 두른 아래쪽 직경은 2.2m란다. 종 몸체의 두께는 밑쪽이 21.5cm이고 위쪽은 10㎝ 정도로 위로 올라갈수록 두께를 얇게 했단다.

종 몸체를 자세히 보렴. 몸체의 아래에 당초문 띠를 두르고 그 위에 종을 치는 당좌(撞座)가 있고 당좌 옆으로 비천상이 조각되어 있단다. 비천상(飛天象)은 연꽃무늬의 방석 위에 무릎을 꿇고 두 손을 모아 향로를 받들고 있는 모습으로 조각되어 있단다.

성덕대왕신종의 비천상 부분_ 하늘에 살면서 땅에 사는 사람과 왕래한다는 여자 선인(仙人)을 그린 비천상은 주로 범종에 많이 장식되지만 법당 천장, 석등, 부도, 불단, 단청의 별지화 등에도 나타난다. 이 신종에도 비천상이 조각되어 있다.

참   치 에밀레종이 특별히 소리가 좋은 이유가 있나요?

장콩선생 그렇단다. 지금까지 조사한 결과에 의하면, 몇 가지 원인이

• 회전법_ 밥솥과 같이 원형의 단면을 가지는 기물을 주조하는 방법으로 종의 안과 밖에서 모양판을 회전시키면서 주조틀을 만든다.

있는 걸로 판단된단다.

첫째, 종을 주조하는 기법의 우수성이란다.
쇳물을 부어 범종을 만드는 데는 회전법과 납형법이 있는데, 중국 종이나 일본 종은 회전법으로 만들었단다. 그에 반하여 우리나라 종은 회전법보다 만들기는 어렵지만, 훨씬 정교하게 만들 수 있는 납형법으로 만들었단다.

납형법은 진흙과 모래로써 안 틀[내형(內型)]을 먼저 만들고 그 위에 밀초를 입혀서 종의 형태와 조각 등을 한 후, 그 외부를 진흙과 모래로 다시금 두텁게 발라서 굳힌 다음에 밀초에 열을 가해 모두 녹여 빼낸 다음, 밀초가 들어 있던 공간에 쇳물을 부어서 종을 만드는 방법인데 우아한 문양과 복잡한 형태의 기물(器物)들을 마음대로 만들어낼 수 있는 매우 발달된 주조 방법이란다.

둘째, 종소리의 맑고 아름다운 소리는 종을 쳤을 때 울림이 있어야 한단다.
'울림'이란 종을 치면 '웅, 웅, 웅' 하고 종소리가 커졌다 작아졌다 계속 되풀이해서 울리는 현상으로 물리학에서는 '맥놀이(beats)'라 부른단다. 이 맥놀이 현상은 진동수가 거의

▶ 에밀레종의 용머리 (용두) 부분_ 용머리 뒤쪽으로 솟아 있는 대통 모양의 관이 종의 음질과 음색을 좋게 만들어주고 있다.

같은 두 개의 음파가 동시에 발생될 때 생기는 일종의 간섭현상인데, 에밀레종은 맥놀이가 다른 종에 비하여 일정하고 길어서 사람의 귀에 아주 아름답게 들린단다.

과학자들은 에밀레종의 맥놀이를 유발하는 원인을 찾기 위해 부단히 노력하고 있으나 아직 완전히 밝혀지지는 않았단다. 다만 중국 종이나 일본 종에는 없는 용통(甬筒:위쪽의 용머리 뒤쪽에 솟아 있는 대통 모양의 관)이 종의 음질과 음색을 좋게 해주는 것으로 추정하고 있단다.

◆ 간섭현상_ 두 개 이상의 파동이 한 점에서 만날 때 진폭이 서로 합해지거나 상쇄되는 현상.

셋째, 명동(鳴洞)이 있기 때문이란다.

신라 종은 종각에 높이 매달고 치는 것이 아니라 바닥에서 약간 위에 매달아 놓고 치는데, 종의 바로 아래 바닥을 오목하게 파 놨단다. 이걸 '명동'이라고 하는데, 신라 특유의 이 구조가 맑고 고우면서도 길게 여운이 남는 소리를 내도록 도와주고 있단다.

에밀레종의 구조

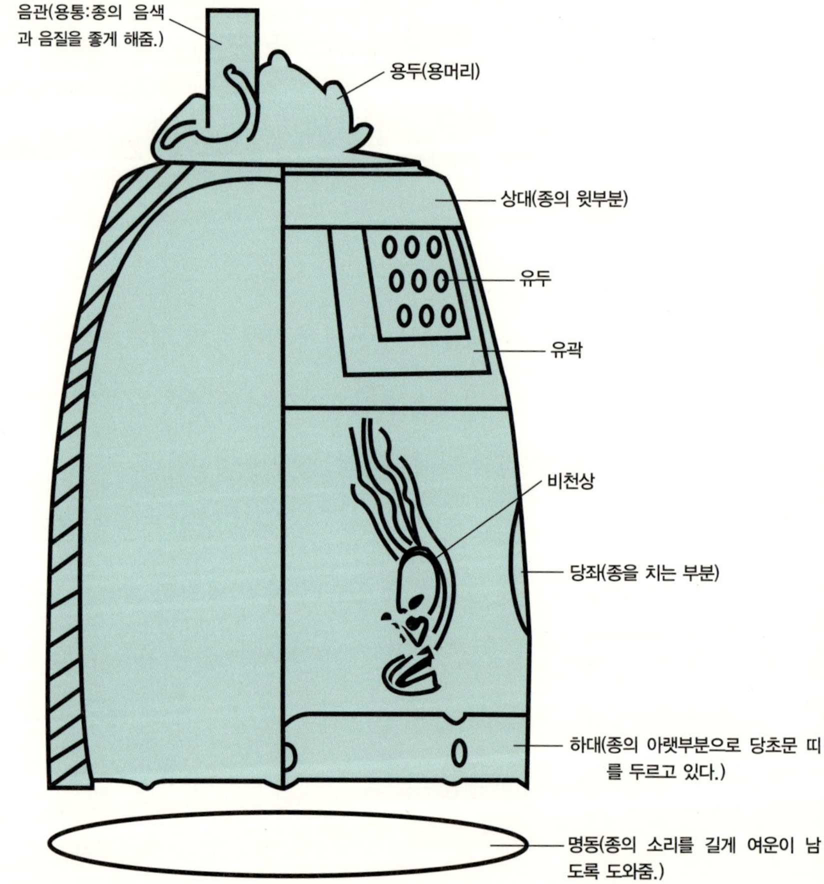

음관(용통:종의 음색과 음질을 좋게 해줌.)

용두(용머리)

상대(종의 윗부분)

유두

유곽

비천상

당좌(종을 치는 부분)

하대(종의 아랫부분으로 당초문 띠를 두르고 있다.)

명동(종의 소리를 길게 여운이 남도록 도와줌.)

참   치 우리나라 종을 '범종(梵鐘)'이라고 하잖아요. 왜 그냥 종이라 하지 않고 범종이라고 해요?

장콩선생 우리나라 종이라기보다는 절에서 사용하는 종을 '범종'이라고 한단다. 범(梵)은 '청정(淸淨)'을 뜻하기에, 맑고 깨끗한 소리로 중생을 깨우치고자 하는 의미가 담겨 있단다.

절에서는 아침, 저녁으로 종을 치는데 아침 종은 28번, 저녁 종은 33번을 친단다. 이는 천상계 28천(욕계 6천, 색계 18천, 무색계 4천)과 지옥계 33천(8열 지옥, 8한 지옥, 16권속 지옥, 무간 지옥)에 있는 모든 중생을 구제한다는 의미를 담고 있단다.

참! 동양 종과 서양 종의 차이는 아니?

참   치 아뇨, 뭔가 다른 점이 있나요?

장콩선생 동양의 종은 우리가 오늘 감상한 에밀레종처럼 항아리를 엎어 놓은 모양으로 생겼단다. 그에 반해 서양의 종은 나팔꽃을 거꾸로 한 모양이란다. 종을 치는 것도 동양 종은 바깥쪽을 치지만 서양의 종은 안쪽을 치도록 되어 있단다.

동양 종과 서양 종_ 동양의 종(왼쪽)은 항아리를 엎어 놓은 모양이고, 서양의 종(오른쪽)은 나팔꽃을 거꾸로 한 모양이다.

늘보거북 현재 에밀레종은 어디에 있어요?

장콩선생 국보 제29호로 지정되어 현재는 국립경주박물관 뜰의 종각에 있단다. 그러나 금이 간 상태라서 타종(打鐘)은 거의 하지 않고 있단다. 그런데 에밀레종은 경주박물관에 걸리기까지 많은 고생을 했단다.

이 종은 8세기 후반인 771년에 완성되어 봉덕사에 걸어졌으나, 봉덕사가 홍수로 인해 없어질 때, 땅속에 묻혀서 약 700

1915년 에밀레종을 구 경주박물관으로 옮기는 장면_ 이후 1973년 현 경주박물관으로 옮겨져 현재에 이르고 있다.

년 동안이나 방치되었단다. 그 후 조선시대인 세조 때에 영묘사로 옮겨졌다가 종각이 불타버리는 바람에 다시 버려졌고, 16세기 중종 때에 성문으로 옮겨서 일제시대인 1915년까지 경주 사람들에게 시간을 알리는 시계 역할을 했단다. 그 후 옛날 경주박물관으로 옮겨져 보관되었다가, 1973년 현 경주박물관 뜰로 이동하여 현재에 이르고 있단다.

참　　치 에밀레종에 관련된 재미있는 일화는 없어요?

장콩선생 1973년 현 위치로 옮길 때 아주 재미난 뒷이야기가 있단다.

경주박물관을 새로 짓고 앞뜰에 종각을 만들어 이곳에 에밀레종을 걸려고 하는데, 무게가 만만치 않다보니 박물관 측에서는 바로 걸지 않고 포항제철로부터 에밀레종 무게보다 조금 더 나가는 강괴를 빌려다가 종 자리에 걸어 놓고 어떻게 되는지 실험을 했단다.

그런데 7일째 되는 날 아침에 보니, 종 고리가 휘어지기 시작했으며, 열흘이 되니 곧 떨어질 것만 같았단다. 그래서 급히 종고리 제작위원회를 구성하여 방법을 모색하였는데, 문제는 종고리만이 아니라 종을 걸 쇠막대기도 약 20여 톤에 달하는 종의 하중을 잘 지탱하도록 해야 했단다.

늘보거북 와~ 그럼 에밀레종은 어떻게 걸린 거예요?

장콩선생 당시 이 문제의 해결사 역할을 했던 과학자는 직경 15㎝ 정도의 철봉을 만들면 가능하다고 판단했단다. 그러나 문제는 에밀레종의 용머리에 있는 구멍이 직경 9㎝밖에 안 되었고, 현대의 과학기술로 만든 9㎝의 철봉으로는 20여 톤 무게를 도저히 감당할 수 없었단다. 오직 하나 걸 수 있는 방법은 가는 철사를 계속 말아 거는 것이었단다. 그렇게 하면 힘을 분산할 수 있어서 가능하다는 이야기지. 그런데 한번 생각해보렴. 세계에서 가장 우수하다고 자부하는 종을 철사 줄로 꽁꽁

묶어 매달아 놓을 수는 없는 일 아니겠니. 그래서 박물관 관계자들은 고민을 하고 있는데, 하루는 과학자가 "예전에 걸었던 쇠막대기는 있습니까?" 하더란다. 그래서 창고에서 그것을 꺼내어 갔다 줬더니, 성분 분석을 하고는 "이것으로 걸면 안전합니다." 하더란다.
그 연유를 물으니 쇠막대기, 즉 철봉을 만들 때 여러 금속을 합금해서 넓고 기다란 판을 만들어 두드리면서 말아 만들었기에 수천 번을 감은 철사처럼 힘을 분산할 수 있어서 가능하다고 했단다.

결국 종고리 제작위원회는 에밀레종 종고리에 끼울 쇠막대기를 새로 만들지 않고 옛날부터 사용했던 것을 재활용할 수밖에 없었단다. 쇠막대기가 통일신라 때 만들어졌는지, 조선 시대에 만들어졌는지는 확인할 길이 없지만, 어쨌든 우리 선조들의 쇠 다루는 기술이 매우 훌륭했음을 보여주는 일화(逸話)라고 할 수 있지. 이렇게 훌륭한 문화유산이 대대손손 내려온다는 것은 우리 후손에게 큰 축복이 아닐 수 없단다.

 **미션 명** 에밀레종이 내는 소리의 신비를 밝혀라

다음 종은 8세기 후반에 신라에서 만들어진 에밀레종(성덕대왕신종)입니다. 세계에서 가장 맑고 고운 소리가 나는 종이지요. 이 종의 소리가 아름다운 이유는 어디에 있을까요? 역사탐정이 되어 소리의 신비를 밝혀봅시다.

①
②
③

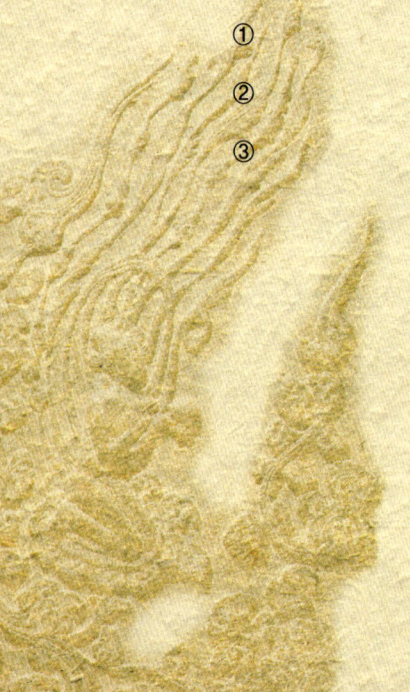

▶▶▶ 정답은 205쪽에 있음.

은실로 무늬를 상감한
고려의 청동은입사포류수금문정병

장콩선생 오늘은 화려하고 섬세한 귀족 취향이 물씬 묻어나는 금속공예품을 한 점 감상하자구나.

늘보거북 와, 정말요? 빨리 보고싶어요.

장콩선생 다음에 나오는 유물이란다. 이름은 '청동은입사포류수금문정병(青銅銀入絲蒲柳水禽文淨瓶)'이란다. 어디서 본 것 같지 않니?

참　치 아, 알겠어요. 고려청자를 감상할 때 상감 기법의 원조가 은입사 기법이라고 하면서 봤어요.

청동은입사포류수금문정병(국보 92호)_ 고려 12세기, 높이 37.5cm, 국립중앙박물관 소장. 고려시대의 대표적인 금속공예품의 하나로, 무늬를 표현함에 있어서 은입사 기법이 유감없이 발휘됐다. 형태가 안정감이 있고 유려한 곡선미가 돋보인다.

장콩선생 그래, 기억하고 있었구나. 형태에서의 안정감과 유려한 곡선미가 일품이지.

늘보거북 아빠, 이름이 무척 어렵네요.

장콩선생 도자기 이름 붙이는 것처럼 붙여졌으니, 한자만 해석하면 쉽게 이해할 수 있단다.
앞에서 배웠던 도자기 이름 붙이는 방법 기억하지?
재질이 '청동'이고 은을 실처럼 얇게 만들어서 몸체의 음각된 부분에 박아 넣었기에 '銀(은 은), 入(들어갈 입), 絲(실 사)'를 써 '은입사'라 했단다.

그릇의 몸체에 새겨진 중심 문양은 '포류수금문'으로 '蒲(냇버들 포), 柳(버들 류), 水(물 수), 禽(날짐승 금), 文(무늬 문)'이니, 냇버들 긴 가지들이 산들바람에 나부끼는 물가에 물짐승들이 여유롭게 놀고 있다는 것을 알 수 있구나. 그리고 그릇의 형태는 '정병'이란다.

따라서 이 그릇은 청동으로 만들었고, 은입사 기법으로 물가에 서 있는 버드나무와 물짐승 무늬를 나타낸 정병이란 걸 알 수 있단다.

참   치 은입사 기법에 대해서 알고 싶어요. 이 정병 외에도 은입사 기법이 쓰인 공예품이 있나요?

장콩선생 '은입사'라는 것은 청동제의 그릇 표면에 무늬나 그림을 음각으로 새기고, 그 속에 은실을 두드려 박아서 무늬를 나타낸 기법이란다. 이러한 기법은 아주 먼 옛날인 중국의 춘추전국시대부터 시작된 것이지만, 고려에서 최고로 세련되어져서 결국 상감청자의 탄생까지 불러왔단다.

정병뿐만 아니라 고려시대의 대표 불교공예품인 향완(香垸)에서도 은입사 기법은 발견된단다. 얘기가 나왔으니 잠시 향완에 대해 설명하고 넘어가자꾸나. 너희들 향로 알지? 제사 때 향을 담는 그릇 말이다. '금동대향로' 감상할 때 배운 거 기억날 거다. 향로 중에서 뚜껑이 없고, 윗부분이 그릇형으로 된 것을 향완이라고 한단다.

참   치 고려시대에 향완이 만들어진 특별한 이유가 있나요?

장콩선생 물론이지. 고려는 불교가 융성했던 나라이기 때문에 불교의 식이 활발히 행해졌단다. 따라서 향을 태우는 여러 형태의 향로가 만들어졌고, 특히 넓은 테두리가 달린 완(垸)에 나팔형 받침을 가진 향완이 유행하였단다. 이러한 향완에 다양한 무

청동은입사향완(국보 75호)_ 고려 1177년, 높이 27.5cm, 입지름 26.1cm, 경남 밀양시 표충사 소재. 제작 연대를 알 수 있는 고려 향완 가운데 가장 오래된 것. 받침에 은입사로 표현한 구름과 용무늬는 그 빼어난 아름다움을 자랑한다.

늬가 은입사되어 아름다움을 더했단다. 옆의 유물이 고려시대에 만들어진 '청동은입사향완'으로 국보 제75호로 지정되어 경남 표충사에 소장되어 있단다.

늘보거북 아빠! 정병에 대해서도 좀더 자세히 말씀해주세요.

장콩선생 부처님 앞에 깨끗한 물을 바치는 병을 정병이라고 하는 건 알고 있겠지? 정병은 고려시대에 향로와 함께 가장 중요한 불교 용구의 하나로 많은 수가 만들어졌는데, 주로 청동과 도자기로 제작하였단다.

우리가 오늘 감상하고 있는 정병은 국보 제92호 정병으로 다수가 남아 있는 고려 정병 가운데서도 형태나 문양 면에서 가장 뛰어난 걸작품이란다.

작품을 보면 알겠지만, 물가의 풍경을 표현한 은입사 문양이 푸른 녹과 어우러져 절묘한 조화를 이루고 있단다. 몸통에는 냇버들이 있는 물가에 한가롭게 놀고 있는 물짐승들을 입사(入絲)하고 위 아래로 당초문 띠를 돌렸단다.

참   치 이 정병은 언제 만들어졌어요?

장콩선생 고려 전기인 12세기에 만들어졌는데, 형태나 문양으로 보아 문벌귀족들의 취향이 고스란히 드러나는 작품이란다.

참　치 아빠! 오늘이 문화유산 감상 마지막 시간이죠.

장콩선생 그렇단다. 오랜 시간 함께 대화하느라고 힘들었지?

참　치 힘은 들었지만, 그래도 좋았어요. 우리 문화를 보는 눈을 어느 정도 길렀으니, 이제는 박물관에 가도 대충 보지 않고 꼼꼼하게 살피면서 유물들과 대화할래요.

장콩선생 늘보 너도 고생이 많았다. 아빠 설명이 어렵진 않았니?

늘보거북 아뇨, 아주 재미있었어요. 저도 박물관에 가면 놀지 않고 유물 하나하나를 관심을 갖고 살펴볼래요. 더욱 친근하게 여겨질 것 같아요.

장콩선생 그래 그래야지. 몰랐을 때는 몰라서 그랬다 쳐도, 이제는 어느 정도 조상의 얼이 살아 있는 유물들과 대화할 수 있으니, 애정을 갖고 선인들의 숨결이 살아 있는 유물들과 깊은 대화를 나눠보렴.

새로운 역사여행의 매력에 흠뻑 빠질 수 있을 거다.

모두 수고 많았다. 우리 독자들께 고맙다는 인사를 하며 들어가자구나.

함께 여행해준 독자 여러분 고맙습니다. 복 받으세요.

안녕~~~~~~~~~

나는야!
역사탐정

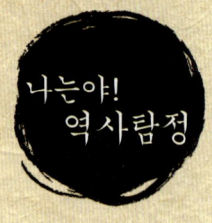

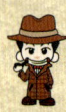

미션 명 ◇ 잃어버린 유물의 이름을 찾아라

다음 유물은 고려시대 부처님 앞에 물을 바치던 용기입니다. 그런데 이름을 잃어버렸답니다. 아래 보기의 순서에 따라 유물의 이름을 한 번 붙여봅시다.

보기
① 그릇의 재질 ② 문양 기입 방법 ③ 문양 ④ 그릇의 형태

▶▶▶ 정답은 205쪽에 있음.

청자양각죽절문병

① 도기　② 토기　③ 경질토기　④ 자기

청자상감운학문매병

청자상감운학문매병

청자진사연화문표형주자

① 병 목

② 손잡이 위

③ 주전자 뚜껑이 분실되는 것을 막아주는 끈을 묶는 고리 역할을 했다.

분청사기조화어문편병

① 인화 기법　② 박지 기법　③ 조화 기법　④ 귀얄 기법

분청사기철화당초문장군

① 술이나 물을 담았다.

② 논밭에 비료로 쓸 오줌이나 똥을 담았다.

달항아리 백자대호

두 작품을 보면서 느껴지는 생각을 글로 쓰면 됩니다.
전통문화의 발전적 계승에 대한 글을 쓰면 적격이겠죠.

백자철화포도문호

같은 점_ 포도넝쿨이 그려져 있다.

　　　　중앙 부위에 접합한 흔적이 있다.

　　　　아래 부분에 여백이 있다.

다른 점_ 107호가 93호보다 포도그림이 좀더 정교하고, 농담이나 잔줄기의 표현

　　　　이 앞선다.

　　　　107호가 93호보다 아래 부분의 여백이 시원하다.

　　　　107호엔 포도송이와 넝쿨만 그려졌으나 93호엔 원숭이의 모습도 보인다.

백자철화승문병

③번

①②④번은 코발트가 주성분인 안료를 사용하여 푸른색 무늬를 그린 청화백자이지

만 ③번은 산화철 안료를 사용하여 흑갈색 무늬를 나타낸 철화백자이다.

초기철기시대의 잔무늬거울

컴퍼스와 자를 이용하여 하나하나 복제해봅시다. 잔무늬거울의 문양이 얼마나 정교하게 그려졌는지 알 수 있답니다.

삼국시대의 금동반가사유상

① 78호가 쓰고 있는 관은 일월보관이고 83호는 삼산관이다.

② 얼굴이 83호가 약간 더 갸름하다.

③ 78호는 윗옷을 입고 있고 장식품이 많은 데 비하여, 83호는 윗옷을 입지 않고 장식품이 목걸이밖에 없다.

기타 여러 대답이 가능합니다.

백제의 금동대향로

① 종교의식 때 향을 피우는 도구

② 봉황(또는 천계)

③ 용

통일신라의 에밀레종

① 밀납법으로 주조되었다.

② 용머리 뒤의 용통이 음질과 음색을 맑고 곱게 해준다.

③ 바닥에 있는 명동이 소리의 여운을 길게 해준다.

고려의 청동은입사포류수금문정병

청동은입사포류수금문정병

Go! Go! 박물관

책을 다 읽었으면, 이제는 박물관으로 직접 가서 유물들에게 말을 걸어보자.

전국 각지에는 알찬 유물들을 전시하고 있는 다양한 박물관이 곳곳에서 우리를 기다리고 있다. 그곳으로 가서 장콩선생처럼 유물과 대화를 나누며, 그들에게 의미를 부여해주자.

출~ 발~~~~~

[서울특별시]

국립중앙박물관 http://www.museum.go.kr

있는 곳_ 서울특별시 용산구 용산동6가 168-6

안내 전화_ (02) 2077-9000

세계적 규모에 걸맞게 우리 문화유산뿐만 아니라 중국, 일본, 인도네시아, 중앙아시아 등 주변 문화와의 연계 속에서 우리 문화를 조명할 수 있게 전시실을 꾸며 놓았고 청소년들을 위한 다양한 교육 프로그램을 운영하고 있다. 어린이들을 위한 어린이 박물관도 별도로 마련되어 있다. 이 책 『박물관 속에 숨어 있는 우리 문화 이야기』(이하 『우리 문화 이야기』)에 소개된 천산대렵도(공민왕), 고사관수도(강희안), 달마도(김명국), 김홍도의 풍속화들, 청동은입사포류수금문정병, 백자철화승문병, 금동반가사유상을 이곳에 가면 만날 수 있다.

국립민속박물관 http://www.nfm.go.kr

있는 곳_ 서울특별시 종로구 세종로 1번지 1-1

안내 전화_ (02) 720-3137

조선시대 왕이 살았던 경복궁 내에 자리 잡고 있다. 우리 민족의 역사를 생활사 중심으로 전시해 놓았다.

서울역사박물관 http://www.museum.seoul.kr

있는 곳_ 서울특별시 종로구 신문로2가 2-1

안내 전화_ (02) 724-0114

선사시대부터 현대까지 서울의 역사와 문화를 정리하여 보여주는 도시 역사 박물관이다.

몽촌역사관 서울역사박물관 홈페이지 내에 소개되어 있음

있는 곳_ 서울특별시 송파구 방이동 88

안내 전화_ (02) 424-5138~9

초기 백제 유적지인 몽촌토성에서 발굴된 유물을 전시하고 있다.

삼성미술관 리움 http://www.leeum.org

있는 곳_ 서울특별시 용산구 한남동 747-18

안내 전화_ (02) 2014-6901

우리나라 고미술품부터 근·현대미술품까지 두루 소장하고 있는 미술관. 개인이 만든 미술관으로는 국내 최고라고 할 수 있을 정도로 다양한 작품을 소장하고 있다. 예약제로 운영되기 때문에 미술관을 관람하고 싶으면 관람 희망일 2주 전까지 전화나 인터넷으로 예약해야 한다. 『우리 문화 이야기』에 소개된 인왕제색도(정선), 청자양각죽절문병, 청자진사연화문표형주자를 이곳에 가면 만날 수 있다.

삼성어린이박물관 http://www.samsungkids.org

있는 곳_ 서울특별시 송파구 신천동 예전빌딩 7-26

안내 전화_ (02) 2143-3600

어린이들이 가족과 함께 쉽게 유물들을 접할 수 있게 만든 어린이를 위한 체험식 박물관이다.

간송미술관

있는 곳_ 서울특별시 성북구 성북동 97-1

안내 전화_ (02) 762-0442

간송 전형필(全鎣弼) 선생이 1938년에 설립한 미술관이다. 중심건물인 보화각에는 전형필 선생이 평생 수집한 문화재가 소장되어 있으며, 소장 유물의 대다수가 국보급이다. 우리나라 제일의 '옛 그림 소장처'로서 매년 5월과 10월에 각각 2주씩 소장문화재를 돌아가며 전시하고 있다. 평상시에는 일반인 개방을 하지 않는다. 『우리 문화 이야기』에 소개된 청자상감운학문매병이 이곳에 소장되어 있다.

호림박물관 http://www.horimmuseum.org

있는 곳_ 서울특별시 관악구 신림11동 1707

안내 전화_ (02) 858-2500

호림(湖林) 윤장섭 선생이 출연한 유물과 기금을 토대로 설립된 박물관으로 국보 8점, 보물 36점을 비롯한 1만여 점의 유물이 소장되어 있다. 『우리 문화 이야기』에 소개된 분청사기철화당초문장군을 이곳에 가면 만날 수 있다.

한국기독교박물관 http://www3.ssu.ac.kr/museum

있는 곳_ 서울특별시 동작구 상도동 511

안내 전화_ (02) 820-0752

숭실대학교 부설 박물관으로 숭실대학교 구내에 있다. 『우리 문화 이야기』에 소개된 초기철기시대의 잔무늬거울을 이곳에 가면 만날 수 있다.

이화여자대학교박물관 http://museum.ewha.ac.kr

있는 곳_ 서울특별시 서대문구 대현동 11-1

안내 전화_ (02) 3277-3152

이화여자대학교 부설 박물관으로 이화여자대학교 구내에 있다. 『우리 문화 이야기』에 소개된 백자철화포도문호(국보 107호)를 이곳에 가면 만날 수 있다.

농업박물관 http://museum.nonghyup.com

있는 곳_ 서울특별시 중구 충정로1가 75

안내 전화_ (02) 2080-5727

농협중앙회가 선사시대부터 현대에 이르기까지 한국 농업의 발달 과정과 전통 농촌의 모습을 한눈에 살펴볼 수 있도록 꾸민 박물관이다.

옹기민속박물관 http://onggimuseum.org

있는 곳_ 서울특별시 도봉구 쌍문1동 497-15

안내 전화_ (02) 900-0900

우리 조상들의 지혜와 삶이 담겨 있는 옹기의 뿌리를 찾고, 그 발자취를 더듬어 현대문명에 의해 퇴색되어 가는 옹기문화를 재조명하기 위하여 설립한 박물관이다.

짚풀생활사박물관 http://www.zipul.com

있는 곳_ 서울특별시 종로구 명륜동 2가 8-4

안내 전화_ (02) 743-8787

짚풀 특히 볏짚을 체계적으로 연구하여 설립한 박물관으로는 세계에서 유일한 박물관이다.

[부산광역시]

부산박물관 http://www.museum.busan.kr

있는 곳_ 부산광역시 남구 대연4동 948-1

안내 전화_ (051) 624-6341

부산 지역의 특색 있는 문화유산을 전시하고 있다.

복천박물관 http://bcmuseum.busan.go.kr

있는 곳_ 부산광역시 동래구 복천동 50

안내 전화_ (051) 554-4263

　　　　가야 무덤인 복천동 고분군의 출토 유물 위주로 전시하고 있다.

부산근대역사관 http://museum.busan.kr/modern

있는 곳_ 부산광역시 중구 대청동 2가 24-2

안내 전화_ (051) 253-3845

　　　　외세의 침략과 수탈과정 속에서 형성된 부산의 근·현대사를 살필 수 있다.

동삼동패총전시관 http://museum.busan.kr/dong

있는 곳_ 부산광역시 영도구 동삼2동 749-8

안내 전화_ (051) 403-1193

　　　　우리나라의 대표적인 신석기시대 유적지인 동삼동패총 발굴 유물을 전시하고 있다.

임시수도기념관 http://museum.busan.kr/monument

있는 곳_ 부산광역시 서구 부민동 3가 2

안내 전화_ (051) 244-6345

　　　　한국전쟁 당시 3년간 부산이 우리나라 임시수도로서의 역할을 담당했을 때, 대통령 관저로 사용했던 곳을 당시 형태 그대로 재현해 놓았다.

[대구광역시]

국립대구박물관 http://daegu.museum.go.kr

있는 곳_ 대구광역시 수성구 황금동 70

안내 전화_ (053) 768-6051

대구·경북 지방의 특색 있는 문화유산을 전시하고 있다.

약령시전시관 http://www.herbmart.or.kr

있는 곳_ 대구광역시 중구 남성로 51-1

안내 전화_ (053) 253-4729

한약업소가 즐비한 약전골목 안에 건립된 전시관으로, 한방관련 용품 500여 점이 전시되어 있다.

[인천광역시]

인천광역시립박물관 http://museum.inpia.net

있는 곳_ 인천광역시 남구 옥련동 525

안내 전화_ (032) 440-6130

1946년 4월 개관한 우리나라 최초의 공립박물관으로 인천 지역의 문화유산 위주로 전시하고 있다.

강화역사관

있는 곳_ 인천광역시 강화군 강화읍 갑곶리 1044

안내 전화_ (032) 933-2178

'지붕 없는 박물관'으로 불리는 강화의 문화유적을 전시하고 있다.

[대전광역시]

대전광역시향토사료관 http://museum.metro.daejeon.kr

있는 곳_ 대전광역시 중구 문화1동 145-3

안내 전화_ (042) 580-4359

선사시대부터 현대에 이르기까지 대전 지방의 역사 문화를 복원해 전시하고 있다.

화폐박물관 http://museum.komsco.com

있는 곳_ 대전광역시 유성구 가정동 35

안내 전화_ (042) 870-1000

우리나라와 세계 각국의 화폐를 체계적으로 분류하여 전시하고 있는 화폐 전문 박물관이다.

[광주광역시]

국립광주박물관 http://gwangju.museum.go.kr

있는 곳_ 광주광역시 북구 매곡동 산 83-3

안내 전화_ (062) 570-7000

광주·전남 지역의 특색 있는 문화유산을 전시하고 있다. 전남 신안

앞바다에서 출토된 도자기 유물이 다수 전시되어 있다.

광주광역시립민속박물관 http://www.kwangjufolk.go.kr

있는 곳_ 광주광역시 북구 용봉동 1004-4

안내 전화_ (062) 521-9041

광주·전남 지역의 민속과 생활사를 특화시켜 한눈에 살펴볼 수 있도록 꾸민 박물관이다.

[울산광역시]

장생포고래박물관 http://www.whalemuseum.go.kr

있는 곳_ 울산광역시 남구 매암동 139-29

안내 전화_ (052) 226-2809

국내 유일의 고래 전문 박물관이다. 이곳에서 『우리 문화 이야기』에 나온 반구대바위그림을 대형 그래픽화로 볼 수 있다.

[경기도]

경기도박물관 http://www.musenet.or.kr

있는 곳_ 경기도 용인시 기흥읍 상갈리 85

안내 전화_ (031) 288-5300

경기도 지역의 특색 있는 문화유산을 전시하고 있다.

디 아모레 뮤지움 http://museum.amorepacific.co.kr

있는 곳_ 경기도 용인시 기흥구 보라동 314-1

안내 전화_ (031) 285-7215

여성 장신구 및 차와 관련된 유물이 다수 소장된 여성문화·차문화 전문 박물관이다. 『우리 문화 이야기』「옛 그림편」 102쪽에 소개된 수월관음도(보물 1426호)가 이곳에 소장되어 있다.

목아박물관 http://www.moka.or.kr

있는 곳_ 경기도 여주군 강천면 이호리 396-2

안내 전화_ (031) 885-9952

우리나라 전통 목공예와 불교조각품 위주로 전시하는 박물관이다.

신세계한국상업사박물관 http://museum.shinsegae.com

있는 곳_ 경기도 용인시 남사면 창리 산 43

안내 전화_ (031) 339-1234(교4)

한국 상업의 변천 과정을 살필 수 있는 유통 전문 박물관이다.

한국등잔박물관 http://www.deungjan.or.kr

있는 곳_ 경기도 용인시 모현면 능원리 258-9

안내 전화_ (031) 334-0797

우리의 삶의 모습을 지켜보다 역사의 뒤안길로 사라진 등잔들을 모아동은 테마 박물관이다.

일본군위안부역사관 http://www.nanum.org

있는 곳_ 경기도 광주시 퇴촌면 원당리 65

안내 전화_ (031) 768-0064

세계 최초의 성노예 테마 인권 박물관으로서 잊혀가는 일본의 전쟁 범죄 행위를 고발하고 피해자 할머니들의 명예회복과 역사교육의 장으로 활용하기 위하여 만들었다.

[충청북도]

국립청주박물관 http://cheongju.museum.go.kr

있는 곳_ 충청북도 청주시 상당구 명암동 87

안내 전화_ (043) 252-0710

충북 지방의 특색 있는 문화유산을 전시하고 있다.

청주고인쇄박물관 http://www.jikjiworld.net

있는 곳_ 충청북도 청주시 직지로 138

안내 전화_ (043) 269-0556

세계에서 가장 오래된 금속활자본인 '백운화상초록불조직지심체요절(일명 직지심경)'을 인쇄한 청주 흥덕사지에 세운 고인쇄 전문 박물관이다.

진천종박물관 http://210.179.147.1/sub05/sub05_0612.jsp

있는 곳_ 충청북도 진천군 진천읍 장관리 710

안내 전화_ (043) 539-3847

세계적으로 인정받은 한국 종의 예술적 가치와 우수성을 알리고자 진천군에서 만든 테마 박물관이다.

[충청남도]

국립부여박물관 http://buyeo.museum.go.kr

있는 곳_ 충청남도 부여군 부여읍 동남리 산 16-1

안내 전화_ (041) 833-8562

백제의 마지막 수도였던 부여에 위치한 백제 전문 박물관이다. 『우리 문화 이야기』에 소개된 금동대향로를 이곳에 가면 만날 수 있다.

국립공주박물관 http://gongju.museum.go.kr

있는 곳_ 충청남도 공주시 웅진동 360

안내 전화_ (041) 850-6360

공주를 비롯한 충남북부 지역에서 출토된 유물 위주로 전시하고 있다.

독립기념관 http://www.independence.or.kr

있는 곳_ 충청남도 천안시 목천읍 남화리 230

안내 전화_ (041) 560-0114

우리 민족의 국난 극복사와 국가 발전사에 관한 자료를 수집 전시하고 있으며, 민족 교육 도량으로서의 역할을 수행하고 있다.

한국고건축박물관 http://www.ktam.or.kr

있는 곳_ 충청남도 예산군 덕산면 대동리 152-18

안내 전화_ (041) 337-5877

우리 선조들의 숨결과 솜씨가 살아 숨 쉬는 전통 건축을 알기 쉽게 이해할 수 있도록 모형을 제작하여 전시하고 있는 전통 건축 테마 박물관이다.

[전라북도]

국립전주박물관 http://jeonju.museum.go.kr

있는 곳_ 전라북도 전주시 완산구 효자동2가 900

안내 전화_ (063) 223-5651

전라북도의 특색 있는 문화유산을 전시하고 있다.

미륵사지유물전시관 http://www.mireuksaji.org

있는 곳_ 전라북도 익산시 금마면 기양리 104-1

안내 전화_ (063) 836-7804

백제 최대의 사찰이었던 미륵사지에서 출토된 유물을 전시하고 있다.

[전라남도]

국립해양유물전시관 http://www.seamuse.go.kr

있는 곳_ 전라남도 목포시 용해동 8

안내 전화_ (061) 270-2000

국내 유일한 수중고고학(水中考古學) 전문 박물관으로 우리 배의 역사와 바다 속에서 출토한 각종 유물이 전시되어 있다.

전라남도농업박물관 http://www.jam.go.kr

있는 곳_ 전라남도 영암군 삼호면 나불리 307

안내 전화_ (061) 462-2796

농도의 고장답게 전라남도가 만든 농업 전문 박물관으로 현대화 물결 속에서 사라져가는 전통 농경 문화유산을 수집하여 전시하고 있다.

[강원도]

국립춘천박물관 http://chuncheon.museum.go.kr

있는 곳_ 강원도 춘천시 석사동 산 27-1

안내 전화_ (033) 260-1500

강원 지역의 특색 있는 문화유산을 전시하고 있다.

오죽헌시립박물관 http://www.ojukheon.or.kr

있는 곳_ 강원도 강릉시 죽헌동 201

안내 전화_ (033) 640-4457

영동 지방의 민속자료와 향토 유물 위주로 전시하고 있다.

삼척시립박물관 http://www.scm.go.kr

있는 곳_ 강원도 삼척시 성남동 167-8

안내 전화_ (033) 575-0768

삼척을 비롯한 강원남부 지역의 문화유산과 각종 향토유물을 전시하고 있다.

원주시립박물관 http://www.wonjumuseum.or.kr

있는 곳_ 강원도 원주시 봉산동 836-1

안내 전화_ (033) 741-2727

원주 지역의 역사와 민속 문화 자료를 수집하여 전시하고 있다.

양구선사박물관 http://210.178.146.5/cyber/sunsa/sa_main.html

있는 곳_ 강원도 양구군 양구읍 하리 507

안내 전화_ (033) 480-2677

양구읍 상무룡리의 구석기 유적과 해안면 일대의 신석기, 청동기 유적지에서 출토된 유물을 집중 전시한 선사시대 전문 박물관이다. 선사시대의 생활상을 직접 체험해볼 수 있다.

[경상북도]

국립경주박물관 http://gyeongju.museum.go.kr

있는 곳_ 경상북도 경주시 인왕동 76

안내 전화_ (054) 740-7518

천년고도 경주의 문화유적을 총 관리하고 있는 박물관으로 소장유물 중 13건이 국보로, 29건이 보물로 지정되어 있다.
『우리 문화 이야기』에 소개된 에밀레종과 천마총에서 출토된 천마도와 각종 유물을 이곳에 가면 만날 수 있다.

안동민속박물관 http://www.adfm.or.kr

있는 곳_ 경상북도 안동시 성곡동 784-1

안내 전화_ (054) 821-0649

안동 지방의 특징인 유교 문화, 특히 관혼상제를 중점적으로 전시하고 있다.

대가야박물관 http://www.daegaya.net

있는 곳_ 경상북도 고령군 고령읍 지산리 460

안내 전화_ (054) 950-6071

대가야와 고령 지역의 역사와 문화를 종합적으로 전시한 대가야사 전문 박물관이다.

우륵박물관 http://www.daegaya.net/J/j11.htm

있는 곳_ 경상북도 고령군 고령읍 쾌빈리 162

안내 전화_ (054) 950-6789

가야금을 만든 우륵과 관련된 자료를 전시하고 있는 '우륵과 가야금' 테마 박물관이다.

하회동탈박물관 http://www.tal.or.kr

있는 곳_ 경상북도 안동시 풍천면 하회리 287

안내 전화_ (054) 853-2288

하회마을에서 전승돼온 하회별신굿 탈놀이에 사용되는 탈을 위주로 국내외의 여러 가지 탈을 전시하고 있는 탈 전문 박물관이다.

독도박물관 http://museum.dokdo.go.kr

있는 곳_ 경상북도 울릉군 울릉읍 도동 581-1

안내 전화_ (054) 790-6432

일본의 독도영유권 주장을 반박할 수 있는 자료와 이론의 토대를 구축하는 동시에 국민의 영토의식과 민족의식을 고취시키는 데 건립 목적을 두고 설립된 국내 유일의 영토 박물관이다. 이종학 초대관장이 30여 년 동안 국내외에서 수집, 기증한 자료를 근간으로 독도수비대장으로 알려진 고(故) 홍순칠 대장의 유품 및 독도의용수비대동지회와 푸른독도가꾸기모임 등의 자료를 전시하고 있다.

직지성보박물관 http://www.jikjimuseum.org

있는 곳_ 경상북도 김천시 대항면 운수리 216

안내 전화_ (054) 436-6009

직지사를 중심으로 경북북부 지역인 김천, 상주, 문경, 예천 등지의 여러 절에 전해오는 불교문화재를 전시하고 있다. 직지사 경내에 있다.

[경상남도]

국립진주박물관 http://jinju.museum.go.kr

있는 곳_ 경상남도 진주시 남성동 169-17

안내 전화_ (055) 742-5951

임진왜란 전문 역사 박물관으로 경남서부 지역 문화유산도 살펴볼 수 있다.

국립김해박물관 http://gimhae.museum.go.kr

있는 곳_ 경상남도 김해시 구산동 230

안내 전화_ (055) 325-9332

변한과 가야의 문화유산을 살필 수 있다.

대성동고분박물관 http://www.ds.gsiseol.or.kr

있는 곳_ 경상남도 김해시 대성동 434

안내 전화_ (055) 331-2357

가야시대 무덤인 대성동 고분의 출토 유물 위주로 전시하고 있는 박물관으로 작지만 전시실이 알차게 꾸며진 대표적인 박물관이다.

통도사성보박물관 http://tongdomuseum.or.kr

있는 곳_ 경상남도 양산시 하북면 지산리 583

안내 전화_ (055) 382-1001

통도사에 소장된 불교 관련 유물을 전시하고 있는 불교 박물관으로 통도사 경내에 자리 잡고 있다.

갈촌탈박물관 http://www.galchontal.or.kr

있는 곳_ 경상남도 고성군 고성읍 율대리 650

안내 전화_ (055) 672-2772

고성 오광대로 유명한 고성군에 있는 탈 전문 박물관이다. 박물관 내에 장승학교와 탈학교를 운영하고 있다.

[제주도]

국립제주박물관 http://jeju.museum.go.kr

있는 곳_ 제주도 제주시 삼사석로 11

안내 전화_ (064) 720-8000

제주의 특색 있는 문화유산을 전시하고 있다.

제주도민속자연사박물관 http://museum.jeju.go.kr

있는 곳_ 제주도 제주시 일도2동 996-1

안내 전화_ (064) 722-2465

제주도 고유의 고고·민속자료와 동물, 광·식물, 해양생물 자료를 실물자료와 모형·마네킹 등을 활용해 입체적으로 전시하고 있다. 자연과 민속을 종합 전시한 우리나라 유일의 박물관이다.

신응수,『목수』, 열림원, 2005

신한균,『우리 사발 이야기』, 가야넷, 2005

안정애,『살아 있는 국토박물관』, 심지, 1994

야나기 무네요시,『조선을 생각한다』, 학고재, 2002

역사학연구소,『교실 밖 국사여행』, 사계절, 1993

역사학연구소,『우리 역사를 찾아서 1』, 심지, 1994

오주환,『눈높이 1㎝ 올리는 문화유산 상식 여행』, 이다미디어, 2001

유홍준,『나의 문화유산답사기』, 창작과 비평사, 1993

윤용이,『아름다운 우리 도자기』, 학고재, 1996

이경재,『일본 속의 한국 문화재』, 미래M&B, 2000

이광표,『국보이야기』, 작은 박물관, 2005

이구열,『한국 문화재 수난사』, 돌베개, 1996

이상문,『골동품을 알면 역사와 돈이 보인다』, 선, 2004

이원복,『나는 공부하러 박물관 간다』, 효형출판, 1997

이종호,『한국의 유산 21가지』, 새로운 사람들, 1999

임효택 외 24인,『유물은 스스로 말하지 않는다』, 푸른역사, 2000

장경희 외 5인,『한국 미술문화의 이해』, 예경, 1994

장콩선생,『외우지 않아도 저절로 이해되는 우리 역사 이야기』, 살림, 2004

전국역사교사모임,『미술로 보는 우리 역사』, 푸른나무, 1992

전성수 외 3인,『함께 배우는 우리 미술』, 예경, 2003

조상열, 『문화유산 바로보기』, 대동문화, 2005

최순우, 『나는 내 것이 아름답다』, 학고재, 2002

최순우, 『무량수전 배흘림기둥에 기대서서』, 학고재, 1994

최정호, 『한국의 문화유산』, 나남출판, 2004

한국교원대학교, 『초등학교 사회(6-1)』, 교육인적자원부, 2005

한국문화상징사전 편찬위원회, 『한국문화 상징사전』, 동아출판사, 1992

한영대, 『조선미의 탐구자들』, 학고재, 1997

허영환, 『동양미의 탐구』, 학고재, 1999

홍윤기, 『한국인이 만든 일본 국보』, 문학세계사, 1995

장콩선생의
박물관 속에 숨어 있는
우리 문화 이야기 ❷ 옛 도자기 · 금속공예편

초판 1쇄 발행 | 2006년 8월 24일
초판 5쇄 발행 | 2009년 7월 24일

지은이 | 장용준
펴낸이 | 심만수
펴낸곳 | (주)살림출판사
출판등록 | 1989년 11월 1일 제9-210호

주소 | 413-756 경기도 파주시 교하읍 문발리 파주출판도시 522-2
전화 | 영업 031)955-1350 기획·편집 031)955-1367
팩스 | 031)955-1355
e-mail | book@sallimbooks.com
홈페이지 | http://www.sallimbooks.com

ISBN 89-522-0530-8 44900
　　　89-522-0528-6 (세트)

＊저작권자를 찾지 못한 사진에 대해서는 확인하는 대로 계약을 체결하겠습니다.
＊잘못된 책은 구입하신 서점에서 바꾸어 드립니다.
＊저자와의 협의에 의해 인지를 생략합니다.

값 12,000원

글을 쓰면서 도움 받은 책들

강경숙, 『분청사기』, 대원사, 1990

강우방, 『미의 순례』, 예경, 2001

고유섭, 『구수한 큰맛』, 다홀미디어, 2005

고제희, 『누가 문화재를 벙어리 기생이라 했는가』, 다른세상, 1999

고제희, 『실록소설 문화재 비화 상, 하』, 돌베개, 1996

국사편찬위원회, 『고등학교 국사』, 교육인적자원부, 2005

국사편찬위원회, 『중학교 국사』, 교육인적자원부, 2006

김병인·조상현, 『숨어 있는 문화유산 속으로』, 경인문화사, 2003

김영원, 『조선 백자』, 대원사, 1991

김영원 외 2인, 『박물관 밖의 문화유산 산책』, 녹두, 1998

남천우, 『유물의 재발견』, 정음사, 1987

방병선, 『순백으로 빚어낸 조선의 마음, 백자』, 돌베개, 2002

서정록, 『백제금동대향로』, 학고재, 2001

시공테크, 『그림과 명칭으로 보는 한국의 문화유산 1, 2』, 시공테크·
    코리아비주얼스, 2002